Die Sexuelle Generation

Jörg Horst

Die Sexuelle Generation

INHALT

Die sexuelle Generation

Alles was im Weltall existiert, ist die Frucht von Zufall und Notwendigkeit.
Demokrit

Vorwort

Sex ist eines der ältesten Phänomene in der Geschichte der belebten Materie unseres Planeten. Das vorliegende Büchlein geht der Frage nach, was eigentlich Sex ist. Jeder hat eine feste Vorstellung davon, doch man kann alles auch ganz anders sehen. Ganz im Sinne des Biologen und Philosophen Jaques Monod[1] möchte ich „ ... alte Probleme in einem neuen Licht erscheinen lassen."

Damit dieses an sich fundamentale Thema nicht allzu trocken daherkommt, habe ich es mit einem Schuss frecher Formulierungen versehen, manchmal einfach auch nur mit Banalitäten und grotesken Übertreibungen. Die manchen Formen, belebten wie unbelebten, unterstellten Gedanken, Gefühle und Absichten sind natürlich nicht ernst gemeint. Sie sollen beim Leser nur das Gefühl für die Problematik unterstützen. Es soll ihm auch ein bisschen Vergnügen bereiten und das Gefühl zerstreuen, etwas von den Wissenschaften Genetik und Fortpflanzungsbiologie verstehen zu müssen. Das Lesevergnügen muss der Leser allerdings mit der Aufgabe abgelten, selber entscheiden zu müssen, welcher ernste Hintergrund in einer spaßig abgefassten Formulierung, einer grotesken Übertreibung oder einer Allegorie steckt. Zur Rechtfertigung dieses Stils könnte ich viele ernsthafte wissenschaftliche Autoren anführen, die den biologischen Strukturen, Objekten und Wesen ebenfalls Gedanken und Gefühle zuordnen, obwohl sie wissen, dass sie nicht vorhanden sind. Unsere menschliche Art zu denken, zu beschreiben und anschaulich zu machen kommt oft nicht ohne diese im Grunde völlig falschen Unterstellungen aus.

In dieser Abhandlung geht es um die neue provokante Behauptung, dass der Sex des Menschen von der Kohabitation (oder dem Beischlaf) abzutrennen ist und dass wir Menschen in Form von zwei Generationen, einer sexuellen und einer nichtsexuellen Generation, existieren, die sich ständig ablösen, ja ablösen müssen. Dasselbe trifft auch auf die Begriffe Sex, Paarung und Kopulation bei Tieren zu.

Ob sich die hier aufgestellten Behauptungen zu einer neuen These oder Theorie verdichten lassen, will der Autor absichtlich offen lassen. Er hat auch bewusst eine nicht den wissenschaftlichen Regeln entsprechende Form der Darstellung gewählt, und möchte diese im Grunde revolutionäre Sicht auf den Sex von Beginn an einem breiten Publikum vorstellen. In einem wissenschaftlichen Fachjournal würde diese Form der Publikation keinen Platz finden. Beweisführende Experimente und Untersuchungen sind in dieser Abhandlung nicht zu finden. Seine Substanz bezieht es aus der bereits vorhandenen Literatur, Beobachtungen und Analogien, die in der Natur reichlich vorhanden sind. Sie werden hier nur aus einem anderen Blickwinkel betrachtet. Nichtsdestoweniger muss und wird sich die „seriöse" ~~Wissenschaft dieses Gedankens an~~nehmen müssen.

[1] Monod, Jaques; Zufall und Notwendigkeit. Philosophische Fragen der modernen Biologie. R. Piper & Co. Verlag, München

Nachdem der aufgeklärte Mensch sich an den Gedanken gewöhnt hat, zum zoologischen Reich zu gehören, ist er nun hiermit aufgefordert, seine individuelle Existenz im Lichte von Generations- und Kernphasenwechsel zu sehen.

Sind Sie, liebe(r) Leser(in), eine Frau? Oder ein Mann? Oder ein Hermaphrodit? Oder ein Transsexueller? Lesen Sie hier, wie groß die Unterschiede wirklich sind und ob wir überhaupt die sind, für die wir uns halten.

Diese Diskussion öffentlich zu entfachen ist eigentliche Ziel dieser Publikation.

Wir beginnen gleich mit einer grotesken Parabel.

∗∗∗

Wettlauf im Dunkel

Dunkel, Genossen, ist der Weltraum, sehr dunkel.
J. Gagarin, Kosmonaut

Mit seinem rotierenden Fortbewegungsorgan einen wahren Trommelwirbel auf dem holperigen Laufband hinlegend saust er, nennen wir ihn Adam, in einem für ihn riesigen Raum in völliger Dunkelheit seiner Angebeteten entgegen. Auch sie bewegt sich. Aber sie ist nicht so schnell wie er, sondern sie, nennen wir sie Eva, lässt sich bequem auf das Ende des glitschigen Laufbandes zu treiben, gegen das er, Adam, wie ein von Hunden Gehetzter, gegen die Laufrichtung anrennen muss. Keuchend wirft er einen Blick hinter sich: Natürlich! Er konnte ja auch keinesfalls damit rechnen, dass er allein hinter Eva her war. Auf allen Kanälen aller Medien war es angekündigt worden, dass Eva sich heute aus dem behüteten Elternhaus auf den Weg in die Freiheit macht, oder zumindest dahin, wo sie die Freiheit vermutet. Scharenweise jagen Adams Konkurrenten in die gleiche Richtung wie er. Sein Vorsprung ist äußerst knapp, aber er ist vorn, der Erste! Nur dem Ersten würde sie ihre Gunst erweisen und ihn näher an sich herankommen lassen. Äußerst langsam, quälend langsam, kommt er ihr näher.

Unser Adam wäre zum Untergang verurteilt, wenn er Eva nicht finden sollte oder wenn sie ihn nicht empfangen würde. Er fände das Eingangstor zu dem großen warmen Haus verschlossen. Noch im Vorgarten des Hauses würde er sein Leben verhauchen. Selbst wenn er dort hinein und hindurch käme, würde er völlig umsonst seine Kräfte vergeuden weil Eva entweder nicht aus ihrer Wohnung kommen konnte, zu der er keinen Zutritt hat, oder sie würde ihn abweisen, weil ihr irgendwas nicht passte. Unter Umständen würde er sie auch gar nicht finden. Denn weil es an ihrem Treffpunkt finster ist, kann er sie nur durch ihren Geruch wahrnehmen. Und wenn Eva nicht in Stimmung ist, dann verströmt sie zu wenig oder vielleicht auch überhaupt nichts von ihrem betörenden Duft und er kann sie dann auch nicht finden.

Aber heute ist Eva in Stimmung und duftet himmlisch gut. Geleitet von Evas ungeheuer attraktivem Geruch navigiert Adam wie auf einem Funkrichtstrahl ziemlich präzise auf Eva zu. Manchmal verliert er kurz Evas Duftspur. Doch er weiß, wenn ihre Intensität geringer wird er, muss er eine neue Richtung einschlagen.

Adam muss Eva unbedingt einholen, bevor sie die große höhlenartige Erweiterung des Ganges erreicht hat. Erreicht er sie nicht rechtzeitig, dann wäre seine Chance, endlich selig erschöpft in ihre Arme zu sinken, sehr gering. Als er sie dann endlich mit einem verzweifelten Sprint noch vor dem Ende des schmalen Ganges einholt, möchte er sich in seine Eva hineinstürzen. Doch erschöpft wie er ist, reicht es nur zu einer leichten Berührung. Sie spürt einen kleinen Stups an ihrer Seite und ist augenblicklich gerührt von seinen Anstrengungen. Als wüsste sie, wie sehr er sich hatte anstrengen müssen, um zu ihr zu gelangen, öffnet sie schnell ihren weichen Mantel und fängt ihn zärtlich auf. Als sie spürt wie die anderen Bewerber heranstürmen, zieht sie sich einen dickeren Mantel über, der so fest ist, dass Adams Verfolger nicht mehr an sie herankommen können. Und er nicht wieder heraus. Deren Bohren und wütendes Trommeln gegen ihre feste Hülle bleibt ohne Erfolg. Wie eine mittelalterliche Rüstung aus dickstem Büffelleder hält sie Adams Verfolger zurück. Sie müssen draußen bleiben und ihrem Schicksal als Verlierer entgegensehen. Sie haben, genau wie der Sieger, alles gegeben. Doch nun sind auch sie am Ende ihrer Kräfte. Auch ihr Energievorrat ist total erschöpft und den können sie hier in der dunklen Höhle nicht wieder auffüllen. Sie werden schwächer und schwächer und sehen dem sicheren Tod entgegen. Am Ende werden sie als unansehnlicher Haufen von Leichen vom Fließband erfasst und in Richtung Ausgang, oder auch Eingang, denn von dort sind sie ja gekommen, befördert. Es hilft ihnen wenig, dass sie humanen Ursprungs sind, dass sie dieselben menschlichen Gene haben wie Adam und alles was Adam noch werden wird, auch hätten werden können: Ein vernunftbegabtes Wesen.

Eva hat sich für Adam entschieden, aber sie hatte auch keine andere Wahl. Denn das ist die unabänderliche, seit Jahrmillionen immer gleiche Regel: Wer zuerst kommt, mahlt zuerst. Adam ist es egal, was Eva von ihm denkt. Hauptsache er hat sie erobert und ist nun Eins mit ihr geworden. Und er wird nicht locker lassen, noch weiter mit ihr zu verschmelzen, sich tiefer in sie hineinzubohren, bis zu ihrem innersten Kern vorzudringen und in ihr aufzugehen. Dabei gerät er in ein ekstatisches Zittern und Vibrieren und verliert dabei auch noch einen Teil seiner Selbst, seinen propellerartigen Motor, der ihn zu Eva gebracht hat. Er behält nur noch das Notwendigste, das er zum Überleben braucht, bei sich und kann sich nicht mehr allein fortbewegen. Er wird sogar so weit gehen, seine Individualität vollständig aufzugeben.

Was dabei aus Eva wird, interessiert ihn im Moment überhaupt nicht. Erst einmal legt er eine kurze Verschnaufpause ein. Er weiß, dass sein letztes Stündlein als freies Wesen geschlagen hat. Dem kann er sich nicht widersetzen, denn in seinem Inneren laufen automatisch bereits Vorgänge ab, die er nicht mehr rückgängig machen kann. Es sind Vorbereitungen zum Angriff auf Evas Erbmasse, einer Bibliothek mit einem ungeheuren Informationsgehalt.

Auch Eva wird sich nach diesem Zusammentreffen verändern. Vielleicht nicht ganz so radikal wie Adam, denn der hört als Individuum praktisch auf zu existieren. Er geht, wie gesagt, in Eva vollständig auf, während Eva sich erst einmal rein äußerlich kaum verändert.

Eva bringt eine überwältigende Masse auf die Waage. Viel mehr als Adam. Darin hat sie aus ihrem Elternhaus eine Mitgift auf ihren zukünftigen Lebensweg eingepackt bekommen, der Adam absolut nichts Gleichwertiges entgegensetzen kann. Nicht nur einen vollwertigen Anteil an Erbmasse in Form einer Bibliothek hat sie von ihren Eltern bekommen, sondern zusätzlich noch einen großen Hausstand, über den der winzige Adam nicht verfügt. Deshalb merkt sie anfangs kaum, dass er in ihr steckt. Zwar hat auch er aus seinem Elternhaus eine Kopie von deren Bibliothek, die alles Wissen enthält, das er in seinem künftigen Zusammenleben mit Eva benötigt, mit auf den Weg bekommen, ohne die ihn Eva ja auch überhaupt nicht akzeptiert hätte, aber Eva hat mehr zu bieten. In kleinen Nebenabteilungen ihres fülligen Leibes stehen verschiedene Apparaturen bereit, die das Lesen und Kopieren von Informationen aus ihrer Bibliothek erst ermöglichen. Vor allem aber verfügt sie über eine große Anzahl kleiner

Minikraftwerke, Mitochondrien genannt, die die auf sie zukommenden Aufgaben erst ermöglichen werden.

Nur durch eine paar fiese Tricks gelingt es Adam, ein paar von seinen eigenen Interessen gegen Eva durchzusetzen. Dazu benutzt er kleine kugelförmige Kopiermaschinen, die Ribosomen, die nur darauf warten, dass ihre kleinen fadenförmigen Verbündeten, die ribonukleinsäurehaltigen Botschafter oder Messenger, Informationen herbeischaffen. Er kann, wenn seine Kräfte ausreichen, das überproportionale Lesen aus seinem Anteil der Bibliothek erzwingen und die Informationen aus Evas Anteil behindern oder unterdrücken. Zumindest kann er das versuchen. Wie in jeder Ehe ist das im Voraus nicht immer absehbar. Und so wird es bleiben, bis dass der Tod sie scheidet.

Den Schatz, der Eva zum erfolgreichen Überleben fehlt und den sie unbedingt erlangen muss, liefert ihr nun ihr winziger animalisch-menschlicher Partner frei Haus. Wenn sie ihm Tür und Tor öffnet, und sie tut das in aller Regel sehr sehr gern, dann schenkt er ihr alles was er hat: Seine Bibliothek. Alles andere ist für sie wertlos. Von Hause aus ist Eva nur mit einer unvollständigen Mitgift ausgestattet worden. Sie hat von ihren Eltern nur so viele Informationen mitbekommen, dass sie ein paar Tage im Warmen überleben kann. Und das ist exakt nur die Hälfte der Informationen, die sie in Wirklichkeit für die Zukunft und ein langes Leben braucht. Ohne sie kann eine ganze Reihe von Schaltern in ihr nicht umgelegt, können weiterführende Lebensprozesse nicht gestartet werden. Deshalb unterstützt sie auch Adam so gut sie kann, um zu ihr und in sie hinein zu gelangen, weil er ihr die lebensrettende zweite Hälfte der gemeinsamen Bibliothek bringt und beim Anwerfen der lebensrettenden Mechanismen hilft. Umso überraschender finden wir es, dass sich so viel Neues gar nicht in Adams Bibliothek befindet. Über weite Strecken hinweg enthält seine Bibliothek genau dieselben Informationen wie die von Eva. Dennoch sind die kleinen Unterschiede, die es gibt, enorm wichtig, denn alle Informationen aus den vereinigten Bibliotheken dienen nur dazu, ein neues Wesen zu schaffen. Dieses neue Wesen wird nicht einfach nur aus einer Addition von Adams und Evas Information bestehen. Denn dann würde jede dieser Vereinigungen, die auf der Erde in jedem Augenblick zu Millionen stattfinden, zwangsläufig zu demselben Resultat führen. Sie haben beschlossen, gemeinsam zu einem neuen Individuum zu verschmelzen und Nachkommen zu erzeugen, die einzigartig in ihrem Wesen und ihrem Bau sind. Jedes vereinigte Paar, wie das von Adam und Eva, sortiert peinlich genau aus, was es von den Informationen aus ihren beiden Bibliotheken übernehmen will. Denn sie wollen nicht eines unter Millionen oder gar Milliarden von Gleichen unter Gleichen werden. Sie wollen sicherstellen, dass unsere Erde nicht von Millionen von identischen Advas (=**Adam** + **Eva**) oder Evams =**Eva** + **Adam**), die aus ihrer Vereinigung hervorgehen werden, bevölkert wird. Sie sollen keinesfalls einem ihrer Erzeuger total gleichen. Sie sollen neue Individuen und nicht einfach Kopien ihrer Mutter, ihres Vaters oder dem Produkt der Verschmelzung ihrer beiden Elternteile sein.

Für Eva scheint Adam dennoch ein gefundenes Fressen zu sein, denn sie wird bereits nach kurzer Zeit dicker und runder. Sie ist auch fester, zäher geworden. Ein zweiter Bewerber könnte jetzt erst recht nicht mehr bei ihr landen, auch wenn er sich noch so sehr anstrengen würde. Das Eingangstor ist ab sofort fest geschlossen. Rien ne va plus! Das freut natürlich unseren Adam, wenn er sich denn noch als Individuum freuen kann. Aber schließlich hat er sein Ziel erreicht, auch wenn er ab jetzt nichts mehr allein, ohne Eva zu beteiligen, unternehmen oder entscheiden kann. Das ist eben der Preis für eine auf Lebenszeit angelegte Verbindung. Aus den zwei Individuen ist nun ein Paar von einer besonderen Art geworden. Es ist praktisch ein Doppelwesen. Sieht aus wie eins, ist aber in Wirklichkeit vorerst noch zweiteilig. Und diese beiden Teile sind unzertrennlich. Auch untrennbar. Sie sind zu einem neuen Individuum geworden nach dem Motto: Aus zwei mach eins! So lauten die Spielregeln. Dass sie eigentlich zwei sind, bemerkt niemand mehr. Einen neuen Namen bekommen sie natürlich auch. Da doppelte Familiennamen, ob mit oder ohne Bindestrich, heute nicht mehr erlaubt sind, nennt sich unser junger, aus der Vereinigung hervorgegangener Sprössling Evam. Evam weiß, dass er männlichen Geschlechts ist, denn von Adam hat er einen der wichtigsten Anteile der Bibliothek, die Y-Teilbibliothek von seinem Erzeuger bekommen.

Auf genau dieselbe Art und Weise ist nun aber auch noch Adva im Bauch eines anderen Elternpaares ins Leben gerufen worden. Obwohl, einen kleinen Unterschied gibt es dennoch zwischen den beiden. Während Evam eine Y-Zusatzbibliothek erhalten hat, ist das bei Adva geringfügig anders. Es geht da um den winzigen Y-Schnipsel, den Evam von Adam bekommen hat, der aber Adva fehlt. Nein nein, es geht nicht um den Schnipsel, an den Sie, lieber Leser, jetzt vielleicht denken. Evam ist ja noch meilenweit davon entfernt, erwachsen zu sein. Er hat aber die Kopie der Bibliothek bei sich, die er von Adam, der ja sein ursprüngliches Zuhause war, mitbekommen hat. Da Adam nur zwei Arten von Pfeilen im Köcher hatte, konnte nur jeder zweite von Adams Geschwistern den Y-Schnipsel mit auf die Reise bekommen. Einen Vorteil hat er aber dadurch nicht. Eva ist es egal, ob sie mit oder ohne Schnipsel besucht wird. Und da Adam es ziemlich eilig hatte, aus dem Elternhaus zu verschwinden um eine Eva zu finden, kann Adva nach der Vereinigung keine Nachforderungen mehr stellen, um ebenfalls einen Y-Schnipsel zu erhalten. Die Sache ist gelaufen. Sie bleibt ein XX-Wesen, während Evam ein XY-Typ werden wird.

Aber das ist ihr im Moment total egal. Ein anderer Adam, der diesen Y-Teil in sich hatte, konnte eben das Rennen um Evas Gunst nicht gewinnen und ist kläglich abgeschmiert. Aber niemand aus Advas Sippe würde sich deswegen grämen. Es gibt Tausende von Adams, die die Weitergabe dieser kleinen Zusatzbibliothek gern übernehmen würden. Sie geht deswegen nicht verloren. Anders geht es auch gar nicht, denn sonst würde sich der Lebenszyklus von Advas Sippe nicht schließen und alle würden aussterben. Die Winzlinge wie Adam und Co. müssen also etwa zu gleichen Teilen mit oder ohne die Y-Version aus der Bibliothek des Elternhauses eine Eva finden und sich erfolgreich in sie hineinbohren.

Eva kann von Glück reden, dass sie Adam, oder Adam sie, gefunden hat. Wäre das nicht so gekommen, wäre sie gnadenlos aus ihrer elterlichen Wohnung rausgeschmissen worden. So sind die Regeln: Wer keinen Partner findet, muss das Haus verlassen. Alte Jungfern werden nicht geduldet. Bei Adam sieht es im Grunde noch düsterer aus: Er wird nicht allein in die Welt entlassen, sondern gleich zu Millionen nahezu gleichartiger Wesen. Und jeder Einzelne dieser Millionen weiß, dass er nur dann überleben kann, wenn er die Eva, auf die er gezielt angesetzt worden ist, erreicht und mit ihr verschmelzen kann. Jeder andere zählt zu den Verlierern und hätte er noch so brav um sein Leben gekämpft. Er muss unweigerlich sein Leben auf der Müllhalde der weniger Leistungsfähigen landen. Oft aber haben sie nur Pech gehabt oder sie haben sich sogar für den Sieger geopfert. Doch doch, das gibt es! Wenn Millionen von Adams auf eine einzige Eva zustürmen, wird es derartig eng, dass einer zwangsläufig auf des anderen Rücken gelangt. In diesem Falle addieren sich die beiden Geschwindigkeiten und der, der auf dem Rücken sitzt, kommt schneller voran als sein Träger und hat von nun an größere Chancen das Ziel zu erreichen, als sein Helfer. Dabei kommt es nicht darauf an, ob das freiwillig geschieht oder nicht. Es ist einfach nur Teil der Spielregeln und keiner nimmt dem anderen etwas übel. Was auch mangels kognitiver Fähigkeiten gar nicht möglich wäre. Denn denken oder übelnehmen können unsere kleinen Adams nicht. Sie haben weder ein Gehirn, noch ein irgendwie geartetes Nervensystem, das solche Emotionen erlauben würde.

Und dass sie es nicht haben, ist ihr großer Trumpf im Überleben ihrer Art. Es kann also nicht passieren, dass ein Träger seinen Reiter mutwillig abschüttelt, nur um seinen Vorteil nicht zu gefährden. Ein Instinkt sagt ihm, dass er allein nicht wichtig ist und dass nur einer den Sieg erringen kann, der ein Sieg für alle ist.

***

Wettlauf in Paris

Die Ehe ist wie eine belagerte Burg, die die drin sind,
wollen raus, und die die draußen sind, wollen rein.
Hochzeitsspruch

Viele Jahre später ist Evam aber nun erwachsen. Und Adva auch. Sie haben ihr Frühstadium in der warmen Höhle ihrer Mütter verbracht, in der sie Tag und Nacht das monotone Klopfen von deren Herzen und das Rauschen des Blutes in den Gefäßen hören konnten. Zuweilen vernahmen sie auch ein Knurren, Gurgeln und Zischen, besonders um die Essenszeit herum, wenn sie selber ebenfalls Hunger verspürten. Sehen konnten sie nicht viel, außer dass sie tagsüber das warme rosarote Licht wahrnahmen, das durch die vielen Hüllen, die sie umgaben, von außen hindurchschien.

Evam wurde in Osnabrück geboren, Adva in Paris. Evam, inzwischen zu einem komplexen, ansehnlichen jungen Mann herangewachsen, dem man seine Entstehung aus einem mickerigen kleinen Zellklumpen nicht mehr ansieht, geht mit seiner Klasse auf Klassenfahrt nach Paris. Es ist die Oberprima und er ist gerade 19 Jahre alt geworden.

Mit ihm im Zimmer der Jugendherberge ist Mitch. Seit seinem 14. Lebensjahr leidet Mitch unter einer mittelschweren Akne, die nun, da sie überstanden ist, einige Narben in seinem Gesicht und an seinem Hals hinterlassen hat. Wenn er in den Spiegel schaut, verfällt er immer in mittelschwere Depressionen. Außerdem findet er, dass er eine zu große Nase und einen stechenden Blick hat. Er ist sehr unsicher und hat sich noch nie getraut, ein Mädchen in passendem Alter anzumachen. Alle seine Freunde haben das schon gemacht, nur er nicht. Sie gehen einfach auf die Mädels zu, spaßen und rangeln und verabreden sich mit ihnen. Er hat sich auch erzählen lassen, was da so abläuft. In Hausfluren und so. Manchmal auch in einer Wohnung. Er hätte es auch so gewusst, ohne dass sie damit aufschneiden. Blind ist er ja nun auch nicht.

In dem Vierer-Zimmer der Pariser Jugendherberge liegt Evam auf der Matratze und liest ein französisches Magazin.

„Geile Frauen gibt's hier." Er grunzt es mehr in sich hinein, als dass er es sagt. Er und Mitch sind allein im Zimmer.

Mitch sieht ihn eine Weile an und schluckt mehrmals. Das ist so seine Art, wenn er etwas Bedeutendes sagen will.

„Du hast gestern so eine Brünette angesprochen, nicht?"

„Jaa!"

„Kanntest Du sie?"

„Naiin!"

„Hm. Hast Du dich mit ihr … unterhalten?

„Hm hm!"

„Worüber denn?"

„Frag doch nicht so viel. Das weißt Du ja doch wohl. Smalltalk, Schönwetterreden.

„Was soll das heißen, Schönwetterreden. Das ist doch kein Thema. Worüber habt ihr gesprochen?"

„Ich sage doch: Smalltalk. Man redet und redet bis sie anfängt zu lächeln. Am Ende lacht sie dich richtig an. Du gefällst ihr, weil du ein netter oder lustiger Kerl bist. Das ist die Hauptsache. Hauptsache sie bleibt bei Laune und lacht ein bisschen."

„Und dann?"

„Dann kann man sie abschleppen."

„Und Du hast sie … abgeschleppt, ja?" Die Worte fallen ihm nicht leicht. Er möchte keine unangemessenen Worte gebrauchen aber auch nicht, was die Mädels betrifft, als Trottel dastehen. Aber über diesen Schatten kann er noch nicht springen.

„Nein, gestern noch nicht. So schnell geht das nicht immer. Sie schien doch noch nicht so recht in Laune zu sein. Wir haben uns für heute verabredet. In zwei Stunden will sie an der Brücke da unten sein. Da wollen wir uns treffen. Sie ist echt süß. Hoffentlich kommt sie auch."

„Hast Du schon mal mit einem Mädel oder einer Frau … geschlafen?"

„Was für'ne Frage. Ich bin 19. Wie Du. Wer mit 19 noch nicht gebumst hat, ist nicht normal."

Mitch sah ihn betroffen und mit offenem Mund an.

„Ich habe noch nie … gebumst."

„Echt? Noch nie gebumst? Dann halt Dich mal ran, damit Du das noch schaffst, bevor Du in die Gruft gelegt wirst. Du bist doch'n ganz strammer Kerl!"

„Ich habe das Gefühl, die Mädchen gehen mir aus dem Weg. Ich habe diese ollen Narben im Gesicht und außerdem habe ich eine zu große Nase. Aber ich glaube nicht, dass ich unnormal bin. Immerhin war ich die letzten zwei Jahre immer Klassenbester."

„Spinner. Meinst Du die Mädchen gucken auf deine Nase und auf die paar Beulchen in Deinem   Gesicht? Und ob Du Klassenbester bist oder der Himbeerlollimann, interessiert sie einen feuchten Kehricht. Sie wollen Dich ja nicht gleich heiraten. Wenn die jungen Dinger etwas an Deiner Nase auszusetzen haben, dann versuch' es doch mal bei einer etwas reiferen Frau. Eine richtige Frau weiß eine große Nase und ein kräftiges Kinn, wie Du es hast, zu schätzen. Und die Aknenarben, die du im Gesicht hast, sind ein Zeichen von Männlichkeit. Weißt Du das denn nicht? Sie kommen von den Androgenen und die kommen aus den Hoden. Wer keine Hoden hat, bekommt auch keine Akne. Logisch. Der Umkehrschluss ist dann auch richtig: Wenn Du Akne hast, dann hast du immerhin genügend Eier im Sack, um mit einer Frau ins Bett zu hüpfen. So ist das. Biounterricht Untertertia. Für eine Frau, die sich auskennt in der Liebe, bist Du ein attraktiver Mann. Wie kannst Du mit Deinen 19 Jahren noch nie gevögelt haben, wo Du doch dem Bild eines potenten Mannes total entsprichst. Du bist groß und hast breite Schultern. Du hast sogar ein paar Haare auf deiner Heldenbrust. Du denkst, Du musst schön sein, he? Das ist es aber nicht. Du musst Selbstbewusstsein zeigen, ein bisschen den Macho raushängen lassen. Ja, komm, ich weiß! Alle Frauen schimpfen auf die Machos. Aber sieh' Dir mal die erfolgreichen Männer an, die die Spitzenfrauen abschleppen. Alles Machos. Ich selber bin keiner. Manche Mädels mögen es ein bisschen mehr romantisch. Für die habe ich ein Gespür wie Fräulein Smilla für Schnee. Darauf verstehe ich mich besser. Jeder hat so seine Masche. Dir rate ich: Versprühe den Charme einer ganzen Kavallerieeinheit. Oder mach auf Clown Beppo. Aber sage nie, dass du Klassenbester bist und verwickele sie nicht in ein Gespräch über die französische Revolution von 1793 oder über die Apollo 13 Mission.

Also, ich gehe jetzt zu meinem Rendezvous. Mach's gut und schüttel Dir einen von der Palme, das beruhigt!"

Kaum ist die Tür hinter Evam ins Schloss gefallen, da wirft Mitch seinen Blouson über und folgt ihm. Auf der Höhe der bogenförmigen Steinbrücke steht eine junge Frau. Brünett und hübsch anzuschauen. Sie hat den Charme und die Bewegungen einer gut eingerittenen dreijährigen Stute. Er weiß sofort, dass das das Mädchen ist, das Evam treffen wird. Evam geht mit schnellen Schritten auf sie zu. Doch was ist das? Die Brünette dreht sich weg und beginnt die Brücke auf der anderen Seite hinunterzugehen, nein zu tanzen. Aha, denkt Mitch, jetzt lockt sie ihn in einen Hausflur oder in ihre Wohnung.

Evam beginnt zu laufen. Adva dreht sich kurz nach ihm um und geht dann weiter die Brücke abwärts. Zügig, mit energischen Schritten und im Wind flatternder Mähne, aber ohne Eile. Hinter sich hört Evam das Getrappel von Schuhen. Er sieht sich besorgt um. Lauter Männer in seinem Alter, die in der gleichen Richtung laufen wie er? Was wollen die alle hier? Sie schnaufen und rufen, dass sie ein Rendezvous mit Adva hätten. Da ist etwas Wahres dran. In dem Magazin hatte Adva in einer Privatanzeige annonciert, sie wolle von zuhause ausziehen und suche eine neue Wohnung, eine WG. Sie sei hier an der Brücke zu treffen. Doch wen sie hier treffen wollte, hatte sie in dem Dreizeiler nicht mitgeteilt. Es kamen viele, die mit ihr in einer WG leben wollten.

Am Ende der Brücke, kurz bevor sich der Weg zu einem Platz erweitert, hat Evam sie als erster eingeholt. Als er ihre Schulter berührt, dreht sie sich zu ihm um und öffnet ihre Arme. Dabei wird ihr leichter Sommermantel vom Wind gebläht. Evam wirft sich erschöpft in den Mantel hinein. Schützend schließt sich der Mantel um ihn. Für Mitch sieht es aus der Ferne so aus, als würden sie beide ineinander verschmelzen, als würde der Mantel sie beide einhüllen und nie wieder freigeben. Für die anderen Verfolger ist dies das Signal, dass sie nicht länger erwünscht sind. Sie sind noch erschöpfter als Evam und bleiben weit zurück. Und so entfernen sich Adva und Evam und gehen auf den Trichter zu, den die Straße hier bildet. Als Eins. Der Mantel der Frau ist so lang, dass Mitch aus der Ferne nicht erkennen kann, ob sie überhaupt gehen. Sie scheinen ohne Beine über dem Pflaster der

Altstadt zu schweben. Dann lösen sich ihre Konturen im Dämmerlicht der Häuserschluchten auf.

***

Die Analogie

Als kluger Leser werden Sie unschwer erkannt haben dass der eben beschriebene Vorgang der Befruchtung einer menschlichen Eizelle ähnelt. Bevor die beiden Kandidaten, Eva, die Eizelle und Adam, das Spermium, überhaupt die Chance einer Vereinigung haben, muss aber noch etwas anderes geschehen. Sie wissen schon was! Wir nennen es Sex, Koitus Kohabitation, Vereinigung, Beischlaf, poppen, vögeln, ficken und sonstwie. Die Frage, die sich hier stellt, ist die nach dem Sex: Wer hat nun Sex mit wem? Was ist das, was Adam und Eva miteinander machen und wie wollen wir das nennen, was Evam und Adva miteinander treiben? Wenn wir nur einem der beiden absolut verschiedenen Paare einen Sex zugestehen wollen, welches Paar ist es dann? Was überhaupt ist Sex?

Für das Verhalten der Einzeller Adam und Eva passen die Bezeichnungen Beischlaf und Koitus nicht. Kohabitation würde notfalls passen, aber damit ist im Grunde der gewollte Akt zweier Menschen gemeint. Doch einen Willen kann man den Einzellern nun doch nicht zugestehen, auch wenn wir hier Adam und Eva aus Gründen der Anschaulichkeit manchmal ein bisschen vermenschlichen. Und wie ist es bei den menschlichen Vielzellern? Bei Evam und Adva kommt es nicht darauf an, ob es nun zu einer Vereinigung von Spermium und Eizelle kommt, oder nicht. Beischlaf, Koitus und Kohabitation sind passende Bezeichnungen für das, was da geschieht. Aber Sex??? Anders sieht es für die beiden Einzeller aus, die sich gerade wie oben beschrieben, vereinigt haben. Was für die Einzeller an fassbaren, nachvollziehbaren Bezeichnungen bleibt, sind Sex und Vereinigung.

Es ist unübersehbar, dass die beiden einzelligen Kandidaten sich im wahrsten Sinne des Wortes vereinigen. Adam dringt so bedingungslos in Eva ein, vereinigt sich buchstäblich mit ihr zu einem neuen Doppelwesen, wie es sowohl den Vielzellern von denen sie stammen, als auch den sich daraus fertig entwickeln Wesen niemals gelingen kann.

Wir Menschen können kohabitieren, beischlafen, poppen, vögeln, ficken, aber uns miteinander vereinigen im Sinne von Verschmelzen, können wir nicht. Und wie ist es mit der Bezeichnung Sex? Haben wir wirklich Sex miteinander, wenn wir liebevoll unseren Partner umarmen und ihm das wertvollste was wir haben schenken, unsere Geschlechtszellen? Ohne sie wäre unsere Art, nein, alle sich sexuell vermehrenden Arten der Erde, dem Untergang geweiht.

An dieser Stelle möchte einen Wikipedia-Eintrag zitieren, der den heutigen Stand der klassischen Erkenntnis wiedergibt:

> Unter **Sex** (englisch für den lateinischen Begriff sexus, deutsch: Geschlecht) versteht man die praktische Ausübung von Sexualität. Im allgemeinen Sprachgebrauch bezeichnet Sex sexuelle Handlungen zwischen zwei oder mehreren Sexualpartnern, insbesondere den Geschlechtsverkehr und vergleichbare Sexualpraktiken, in seltenen Fällen auch die Masturbation.
>
> Sex erfüllt zahlreiche Funktionen: Er befriedigt die Libido, dient in Form des Geschlechtsverkehrs der Fortpflanzung und drückt in der Regel als wichtige Form der sozialen Interaktion Gefühle der Zärtlichkeit, Zuneigung und Liebe aus. Besonders in Liebesbeziehungen kann das Sexualleben eine

zentrale Rolle als Ausdruck der Verbundenheit der Partner spielen. Er ist jedoch nicht ausschließlich an Liebesbeziehungen bzw. Partnerverbundenheit gekoppelt.

Sexueller Kontakt unter Tieren wird für gewöhnlich Begattung genannt. In der Regel handelt es sich dort um rein instinktgesteuertes Verhalten, das ausschließlich der Fortpflanzung dient. Bei einer Reihe von Arten, etwa den Bonobos und Delfinen, ist der Sex ähnlich wie beim Menschen auch Teil der sozialen Interaktion. Beim Menschen ist Sex kein reines Instinktverhalten mehr, sondern unterliegt bewussten Entscheidungsprozessen.

Das alles ist genauso richtig wie es falsch ist. Es ist richtig, dass der „Sex" wie er oben verstanden wird, der Fortpflanzung dient, denn dadurch können Eizelle und Spermium erst zusammen kommen. Es ist aber falsch, dass die Fortpflanzung durch die Art von „Sex" *geschieht,* wie er oben gekennzeichnet worden ist. Eine neue Generation entsteht erst durch die Vereinigung von einer Eizelle mit einem Spermium, egal, wie die beiden zusammengebracht werden. Seit Jahrzehnten wird die künstliche Befruchtung bei Nutztieren und beim Menschen praktiziert. Sie führt zur Fortpflanzung, zur Entstehung einer neuen Generation, und ist nicht an die obengenannten sexuellen Praktiken gekoppelt.

Sex und Fortpflanzung sind also strikt voneinander zu trennen, auch wenn das Bekenntnis hierzu in Teilen der Bevölkerung anders lautet. Bei dem obengenannten „Sex" handelt es sich um die Kohabitation von zwei vielzelligen Individuen, von denen eines weiblich und das andere männlich genannt wird. Sie kann zur Fortpflanzung führen, muss es aber nicht unbedingt. In aller Regel folgen die Beteiligten nur einem inneren Impuls. Der Wunsch nach Fortpflanzung, der Erzeugung einer neuen Generation, tritt dabei meist in den Hintergrund oder ist sogar unerwünscht.

Im Gegensatz dazu handelt es sich bei der Vereinigung von Sexzellen um die Vereinigung zweier Einzeller, die jeder für sich ein diskretes Individuum sind. Ihr einziges Ziel ist es, durch ihre Vereinigung eine neue Generation zu schaffen. Dies, und nicht der Beischlaf oder die sogenannte Vereinigung zweier Liebender, ist der wahre sexuelle Vorgang, dem wir alle unser Leben verdanken.

Lange Zeit war die Existenz dieser kleinen Wesen völlig unbekannt, wie auch der Zusammenhang zwischen Kohabitation und Empfängnis nicht allgemein bekannt war.

***

Die Entdeckung der Sexzellen

A Mann hat immer, mit seinen Gedanken beschäftigt zu sein,
wenn alles vollendet werden soll.
A. van Leeuwenhoek

Zuerst wurden die männlichen Sexzellen entdeckt. Ihr Entdecker war der Holländer van Leeuwenhoek. Heute wird er gern als Wissenschaftler bezeichnet und geehrt, aber das war er in seinem Eigenverständnis und nach allem, was wir heute über sein Wirken wissen, eher nicht. Aus einfachen Verhältnissen im holländischen Delft stammend - sein Vater war Korbmacher - genoss er durch die Förderung seines Onkels eine gymnasiale Bildung. So lernte er auch die Grundlagen der Physik und der Mathematik kennen. Doch in Amsterdam reichte sein Wissen nur bis zum Buchalter. Zurückgekehrt in seine Heimatstadt, eröffnete er einen Tuchladen und verließ Delft nicht wieder. Doch genoss er offensichtlich das Vertrauen der städtischen Machthaber und wurde zum Kammerherrn, zum Eichmeister für alkoholische Getränke und zum Landvermesser ernannt.

Dies alles war nicht die Basis seiner späteren Entdeckungen. Entscheidend war offensichtlich seine Freundschaft zu dem Maler Jan Vermeer, dem er möglicherweise für dessen Gemälde „Der Astronom" Modell gestanden hatte. Seine beruflichen Erfolge erlaubten es ihm nach dem Tod von Vermeer, dessen Nachlass er verwaltete, sich sorgenfrei seinem Hobby zu widmen.

Aus der Astronomie waren mit Linsen bestückte Fernrohre bereits seit längerem bekannt. Auch die Vorläufer von Mikroskopen gab es bereits vor van Leeuwenhoek, aber deren Gläser waren von schlechter Qualität und außerdem unzureichend präzise geschliffen und erlaubten nicht die Einblicke in die Welt der Mikroorganismen, wie sie später van Leewenhoek vergönnt gewesen sind. Seine Mikroskope besaßen nur eine einzige Linse, die dafür aber mit höchster Präzision geschliffen war. Dadurch war ihm die Entdeckung vieler mikroskopischer Details aus der belebten Welt möglich, so auch im Jahre 1677 unter anderem der Spermien von Insekten und vom Menschen. Er nannte diese possierlichen Wesen Spermatozoen, zu deutsch also Samentierchen. Damit schrieb er ihnen, obwohl sie u. a. auch vom Menschen stammten, interessanterweise eine quasi-animalische Identität zu und erschütterte gleichzeitig den Glauben an die sogenannte Spontanzeugung, also einer Zeugung aus sich selbst heraus. Der große Kopf, der schlanke Hals und das lange Schwänzchen dieser Wesen müssen ihn zu dieser Benennung verleitet haben. Dieses putzige Aussehen der Spermatozoen verleitete einige von Leeuvenhoeks Zeitgenossen zu der Annahme, dass sich direkt aus ihnen der Fetus entwickele. Diese und andere Erkenntnisse aus dem Reich der Kleinstwesen brachten ihm, der kein Studium absolviert hatte und nicht einmal Latein sprach, noch zu Lebzeiten beträchtlichen Ruhm ein. Er wurde an königlichen Höfen und Gesellschaften diskutiert, jedoch hat der etwas scheue Tüftler sein geliebtes Delft trotz mancher ehrenvoller Einladung nie verlassen.

Wir müssen uns nun fragen, ob die Benennung der männlichen Samenzellen mit dem Wort Spermatozoen, also Samentierchen, durch Leeuwenhoek eine groteske Fehleinschätzung war, oder ob er nicht doch des Pudels Kern richtig erfasst hatte.

Leeuwenhoek wusste ja, woher diese Tierchen stammten. Dass es Tierchen seien, schloss er vermutlich aus der munteren Beweglichkeit der kleinen Geschöpfe. Pflanzliche Organismen konnten es wohl nicht gut sein, da sie ja in einem Menschen oder einem Tier gewohnt hatten, sehr beweglich waren und mit einiger Regelmäßigkeit lustvoll auch von Männern abgegeben wurden, sie also fest zu seinem körperlichen Dasein gehörten.

Aus der ebenfalls gebräuchlichen Bezeichnung „Samen" oder „Sperma" ist heute noch die frühere Auffassung erkennbar, dass ein neues Individuum aus einem Samen wie dem einer Pflanze hervorgeht, ähnlich wie aus einem Weizenkorn eine neue Weizenpflanze entsteht. Aus heutiger Sicht hinkt dieser Vergleich nicht nur, er ist sogar falsch und schon lange nicht mehr aufrecht zu halten.

Wozu diese kleinen Tierchen gut sind, erschloss sich der Wissenschaft erst viel später. Heute wissen wir es alle. Sie sind die Geschlechtszellen des Mannes.

Aber sie sind nicht die einzige Art von Geschlechtszellen des Menschen. Ihr weibliches Gegenstück, die Eizelle, wurde erst viel später entdeckt. Vor knapp 180 Jahren beschrieb der deutschbaltische Sohn eines Politikers und Gutsbesitzers, Karl Ernst von Baer, in Königsberg als erster die weibliche Keimzelle. Von Baer war im Gegensatz zu van Leewenhoek nun ein „echter" Wissenschaftler, ein Mediziner.

Doch nach einer Reihe von Zwischenstationen als Mediziner in Würzburg und Wien wurde ihm bewusst, dass er eigentlich eher zum Naturwissenschaftler geboren war. So nahm er denn konsequenterweise auch eine Professur für Zoologie in Königsberg an. Während seiner Forschungen über die Embryologie der Tiere und des Menschen gelang ihm die lange vermutete Entdeckung des menschlichen „Eies". Von einer Eizelle, meist auch als Keimzelle bezeichnet, sprach man damals noch nicht, da die Zellentheorie erst später formuliert wurde.

Wieder muss ich leider auf die kritiklose Wortwahl „Keimzelle" hinweisen. Diese Zelle, genauso wie ihr männliches Gegenstück, ist mitnichten ein Keim im biologischen Sinn. Ein Keim im biologischen Sinn ist ein Teil des Samens, der nach erfolgter Befruchtung schon eine Entwicklung als neues Wesen hinter sich hat. Er gehört schon zur nächsten, vegetativen Generation und gerade das ist bei unseren „Samen" genannten Geschlechtszellen, männlichen wie weiblichen, nicht der Fall. Sie sind nicht, wie der Pflanzensamen, die vegetative Generation, sondern vielmehr ihr Produkt.

Jeder Schüler weiß heute, dass die Vereinigung von „Samen"- und Eizelle notwendig ist, um neues Leben zu zeugen.

Kommen wir zurück zu der Frage nach dem Sex. Ich frage nun Sie, lieber Leser, denken Sie, dass Evam mit Adva Sex gehabt hat?

Sicher sind die beiden dem Ruf der Natur gefolgt und haben sich an einem lauschigen Ort eine schöne Zeit gemacht. Platt ausgedrückt: sie haben gevögelt, gebumst, gefickt, genagelt, irgendwas davon. Oder auch all dies nacheinander. Vielleicht hatte Adva keine Pille genommen und stand gerade kurz vor der nächsten Ovulation. Dann hätte sie nein sagen sollen, da sie sicher kein Kind bekommen wollte. Dann wäre es erst einmal aus gewesen mit dem

Schäferstündchen. Aber hier kamen drei Dinge ins Spiel, die dann schließlich doch zu Intimitäten der schöneren Art führten. Evam war derartig charmant, dass sie sich total in ihn verliebte. Zweitens wusste sie dass er nur drei Tage in Paris bleiben würde, und drittens war sie wegen ihrer nahen Ovulation mit Sexualhormonen voll bis unter die Hutschnur. Sie war scharf auf den jungen Teutonen. Deshalb hatte sie alle Bedenken über Bord geworfen.

Evam hatte seinerseits mit einem Kondom vorgesorgt, was Adva das Öffnen ihrer Schenkel ungemein erleichterte. Ihr wundervolles kleines Abenteuer würde also aller Voraussicht nach ohne Folgen bleiben. Und es würden Millionen von kleinen Samentierchen ein kurzes unerfreuliches Leben außerhalb von Evams und Advas Körper haben. Vielleicht würden sie, in einem Kondom achtlos weggeworfen, in der Seine landen. Sie würden alle sterben. Kein einziger würde seiner Bestimmung zugeführt werden, sich mit einer Eizelle zu vereinigen. Ob Spermien, wenn sie doch menschlichen Ursprungs sind und die gleichen Gene haben wie wir vollständig ausgeformten Exemplare der vielzelligen Generation, Angst vor dem Tod haben können? Man möchte es fast glauben, denn der Wille nicht unterzugehen, sondern eine neue Heimstatt in den Armen einer molligen Eizelle zu finden, ist überwältigend. Sicher kann ein Spermium nicht denken im herkömmlichen Sinne. Das Denken überlässt er dem Wesen, das er gemeinsam mit seiner geliebten Eizelle aufbauen wird, wenn er es geschafft haben wird, in sie einzudringen. Doch irgendeine Art von Angst muss doch in dem kleinen Wicht stecken, wenn er so vehement auf sein Ziel zustrebt, ohne dessen Erreichen er mit Sicherheit verloren ist. Zu Beginn seiner Existenz außerhalb seines Erzeugers mag seine Chance zu überleben nur 1:50Millionen sein. Aber je heftiger er sich in dem Rennen nach vorne in die Spitzengruppe paddelt, desto höher steigen seine Überlebenschancen. Das spornt an, zumal er teilweise sogar auf dem Rücken seiner Mitbewerber ein Stück Huckepack reiten kann. Deren Todesurteil ist in dem Moment gesprochen, in dem sich der Sieger in die Eizelle einbohrt. Dann gibt es Millionen von Toten, die alle der menschlichen Spezies angehören und ihre Gene tragen. Niemand in unserer modernen, aufgeklärten Welt sieht ein ethisches Problem darin, dass bei jeder Ejakulation Millionen von Wesen mit einem vollständigen humanen Genom gedankenlos vernichtet werden. Selbstverständlich hat die Natur das so vorgesehen oder, um meinem weiter unten ausgeführten Gedanken über Sex und Generationswechsel weiter zu folgen, ist dies ein Mechanismus unserer kleinen Einzeller, um mit höchster Sicherheit und gleich beim ersten Versuch zum Erfolg zu kommen. Sie „wissen", dass sie alle bis auf einen für den Erfolg dieses einen sterben müssen.

Ist denn Adam nun doch der Verlierer in diesem Spiel? Nein. Absolut nicht. Klein und gewitzt wie er ist, nutzt er die Gelegenheit sich zu verwandeln. Scheinbar schenkt er ihr alles was er besitzt und hört sogar auf, als diskretes Wesen zu existieren, aber de facto bekommt er alles in doppelter Menge zurück. Er eignet sich einfach die halbe Bibliothek von Eva an. Klingt wie Raub, ist aber keiner, denn Eva eignet sich ebenfalls die von Adam an. Da gibt es keinen Unterschied, denn aus den beiden Einzelindividuen ist ein neues einziges Doppelindividuum geworden. So haben sie beide eine neue, doppelte, vollständige Sammlung auf die sie beide zurückgreifen werden und auf der sie beide, nun als untrennbare Einheit, eine neue Existenz aufbauen können. Sie legen sich auch einen neuen Namen zu, um der Welt zu demonstrieren, dass sie von nun an untrennbar zusammen gehören. Sie heißen nun nicht mehr Spermium und Eizelle sondern ganz vornehm „Zygote". Ihr Sexualleben ist damit total beendet. Oder vielleicht doch nicht? Haben sie etwa Dauersex? Ist das Hin- und Hertauschen von Chromosomenteilstücken bei der Vereinigung von männlichen und weiblichen Geschlechtszellen, die darauf folgende wilde Teilung von Zellen, das Zusammenrotten von Zellen zu Geweben und Organen, die Produktion von Proteinen, Fetten und polymeren Kohlenhydraten nicht auch eine Form von Sex? Diese Frage sollte wirklich einmal untersucht werden. Wenn die Linien der Nachkommen der jeweiligen Geschlechtszellen, also der männlichen und der weiblichen, in dem vielzelligen Organismus separat verlaufen würden, könnte man das vermuten. Wenn es jemanden gäbe, der dies bejaht, dann müsste er oder sie auch zustimmen, dass in uns vielzelligen Menschen unterschwellig ein Zustand herrscht, von dem wir nichts mitbekommen. Dann wäre es so, dass Zeit unseres Lebens die beiden Sexzellen, getarnt als untrennbare Einheit, die sie vielleicht gar nicht sind, tagein und tagaus in unserem Körper sexuelle Orgien feiern. Und dann wären wir Vielzeller in all unserer Komplexität, die wir uns als die sexuellen Akteure halten, wieder einmal als asexuell entlarvt und nur die Erdulder dieses Spiels. Aber dieser Überlegung fehlt es so sehr an Substanz, dass sie im Moment nicht näher in Betracht gezogen werden kann. Aber wer weiß? Wenn wir den Sex total hinterfragen, gewinnt vielleicht auch diese Frage einmal mehr an Bedeutung.

Eine Eizelle ist ungleich kostbarer als ein Spermium. Sie kommt bei vielen höheren Wirbeltieren, und folglich auch beim Menschen, oft völlig allein daher. Und das auch nur alle vier Wochen. Sie darf nicht verloren gehen und davor schützt sie nur dieses kleine penetrante Spermium, das als erstes bei ihr anlangt. Ihr Leben hängt davon ab, dass sie von so einem kleinen Wicht gefunden wird. Ist dieses Prinzip des Aufwandes von großen Individuenzahlen für einen möglichst sicheren Erfolg nicht auch uns vielzelligen Menschen, die denken, planen und fühlen können, eigen? Wenn sich zwei Menschengruppen bekriegen oder sich im sportlichen Wettkampf gegenüberstehen, wird kein Aufwand an Menschen, Material, Energie und Unterstützung gescheut, damit die eigene Gruppe den Sieg davontragen kann. Mit extrem starker Abstraktion kann man auch dann einen Sieg proklamieren, wenn von einer Ausgangssituation von 100 zu 100 Gegnern am Ende nur 0:1 übrigbleiben. Die 1 ist dann der Sieger.

Das Bild gleicht dem bei unseren kleinen Einzellern. Erst dann, wenn dieses kleine Wesen sich mit einer Eizelle verbindet und gar kein selbständiges Wesen mehr ist, wird ihm Aufmerksamkeit gezollt. Die anderen sind nach gültiger Auffassung einfach Abfall. Dann steht die Bilanz von anfangs 1:50 Millionen: am Ende auch 0:1.

Beim Lesen der obigen Zeilen über den bedauernswerten Tod von Millionen von Spermien, die unser humanes Genom enthalten, werden Sie vielleicht jetzt einwenden, dass wir als vielzellige Nachkommen unserer Spermien ja sehr häufig auch andere Zellen mit vollständigem Genom in die Umwelt abgeben, nach denen auch kein Hahn kräht. Das sind beispielsweise bei Verletzungen die weißen Blutkörperchen, beim Husten Makrophagen, beim Stuhlgang Darmzellen. Aber halt! Das sind alles Zellen, die nicht dafür vorgesehen sind, einen neuen Menschen aufzubauen. Sie sind so furchtbar hoch spezialisiert, dass sie sich nicht mit einer

Eizelle vereinigen können und wenn sie's irgendwie fertigbrächten würde die Eizelle ein energisches Veto einlegen, weil sie nicht triploid werden möchte, das heißt sie möchte nicht zusätzlich zu ihrem einfachen Chromosomensatz einen doppelten hinzugeschenkt bekommen, den diese Zellen enthalten und mit dem sie nichts anfangen könnte. Außerdem käme eine solche Zelle überhaupt nicht erst in die Eizelle hinein, weil ihr dazu die passende Ausrüstung, angefangen von der Geißel, die das Spermium antreibt bis hin zu den Enzymen, die die Eimembran durchlässig machen, fehlt. Eine Ausnahme gibt es: Denn wenn die moderne Wissenschaft da hineinfummelt, ist theoretisch sogar die Entwicklung einer Darmzelle zu einem neuen Individuum in einer Eizelle möglich. Vermutlich müsste man dann aber vorher der Eizelle den Zellkern entnehmen. Aber dieser Fall soll uns hier nicht weiter interessieren, weil wir ja bei den normalen Vorgängen in der Natur bleiben wollen.

＊

Sex oder Kohabitation?

Essen und Beischlaf sind die beiden großen Begierden des Mannes.

Konfuzius, chinesischer Philosoph

Wir haben oben gesehen, dass es zwei Arten von Vereinigungen im Laufe des Lebens eines Menschen gibt.

In Paris haben sich Adva und Evam „vereinigt". Man sagt, sie hatten „Sex" miteinander. Aber beide, sowohl Adva als auch Evam gingen ebenfalls aus einer Vereinigung hervor, der Vereinigung von Eva und Adam. Ist das nicht auch Sex?

Für uns Außenstehende ist Eva nicht besonders temperamentvoll. Sie lässt Adam wohlwollend an sich herankommen und nimmt ihn in sich auf. Allerdings ist sie auch nicht ganz passiv. Denn sie gibt ihm eine Reihe von Hilfen, ohne die er es trotz unermüdlicher Anstrengungen nie geschafft hätte, in sie einzudringen.

Evam ist mit seinen dafür geeigneten Organen in Adva eingedrungen und hatte nach mal mehr mal weniger heftigen Bewegungen Spermien in seinen Gummi, der in Advas Scheide steckte, in einer Art Konvulsion entladen. Ob Adva bereit war, ihren biologischen Anteil für die Entstehung einer neuen Generation beizusteuern, konnte Evam nicht so genau wissen. Mit seiner Androgenbrille vor den Augen war ihm das in dieser Sekunde auch ganz egal. Nehmen wir einmal an, sie hatte gerade ovuliert und sei damit gerade in der richtigen Phase ihres Menstruationszyklus gewesen, schwanger zu werden, was sie aber nach dem oben Gesagten nicht wollte. Doch mit Evams Gummi war die Frage nach einer Schwangerschaft völlig belanglos geworden. Die Gründung einer neuen Generation kann mit einem Überzieher nicht stattfinden. In ihrer Gummizelle sind die kleinen Flitzer mit dem Propellerschwänzchen zu Machtlosigkeit und Verderben verurteilt.

Obwohl Adam gegenüber Eva ein rechter Zwerg ist, entwickelt er sich nahe am Ziel zu einem echten Energie- und Temperamentbündel. Er kennt nur das eine Ziel: Ramm' dich in sie hinein bevor es ein anderer tut. Die Verfolger sind nahe. Sie will es ja!

Betrachten wir ihn dabei unter dem Mikroskop, so können wir uns des Eindrucks nicht erwehren, dass Adam dabei auch Lust empfindet. Bewiesen ist das nicht, weil wir keine Instrumente haben, die das feststellen könnten. Aber annehmen können wir es, wenn auch vorerst nur als Arbeitshypothese. Setzen wir diese voraus, dann können wir auch annehmen, dass Adam und Eva, also das Samentierchen (eigentlich sollten wir hier an dieser Stelle Samenmenschlein sagen) und die Eizelle, nicht nur Sex miteinander haben, sondern ihn auch noch genießen. Und zwar totalen Sex, bei dem beide so weit gehen, dass sie ihre Individualität aufgeben um eins zu werden, etwas Neues, bis dahin noch nicht Existierendes. Der in vielen Liedern und Gedichten besungene Zustand: „Ich bin dein und du bist mein", oder „Wir wollen nieee mehr aaaus-einandergeeeh'n" wird bei ihrer Vereinigung in vollkommenster Weise erreicht.

***

Sexualität und Vermehrung

Sexualität ist demnach zunächst das glatte Gegenteil von
Vermehrung.
Zitat aus Wikipedia

In Wikipedia habe ich einen weiteren, den obenstehenden bemerkenswerten Satz gefunden. Unter der Überschrift: *Die Erfindung der Sexualität* heißt es: *Sexualität ist demnach zunächst das glatte Gegenteil von Vermehrung.*

Ach ja? Wir werden diese interessante Äußerung weiter unten noch ausführlicher diskutieren. Doch sie passt in unser neues Gedankengebäude sehr gut hinein, allerdings in anderer Weise, als man nach Wikipedia diesem Spruch entnehmen soll.

Da gibt es dann ja doch einen gravierenden Unterschied zu dem, was wir bei Adva und Evam gemeinhin als „Sex" bezeichnen würden. Adva und Evam kommen sich zwar sehr nahe, scheinen miteinander zu verschmelzen, jedenfalls glauben es die beiden in ihrer Ekstase, aber keiner gibt dabei seine Individualität wirklich auf. Sie trennen sich nach heftigen Bewegungen, Keuchen und Stöhnen wieder voneinander und kennen sich übermorgen schon nicht mehr. Danach können sie sich irgendwann erneut mit jemand anderem vergnügen. Und tatsächlich hat auch trotz „Sex", den wir hier Kohabitation oder Beischlaf nennen wollen, keine Vermehrung stattgefunden. Sie können jetzt einwenden, dass die beiden dem ja auch vorgebeugt hätten und es deshalb keinen Nachwuchs geben kann. Richtig. Aber auch ohne Kondom und mit Advas Ovulationstermin hätte keine Vermehrung stattgefunden. Allenfalls eine Befruchtung, und auch die muss nicht zwangsläufig zu einer Vermehrung führen.

Im Gegensatz zu unseren beiden Vielzellern Evam und Adva können sich die Einzeller Adam und Eva nach ihrer Vereinigung nicht wieder voneinander trennen. Ihr Sex ist so absolut und so total, wie es die beiden humanen Vielzeller nie hinbekommen werden. Aber führt ihr Sex denn zu einer Vermehrung? Auch hier ist die Antwort „nein". Es kommt im Gegenteil zu einer Verschmelzung zweier Individuen und damit zu einer negativen Vermehrung. Die Zahl der Individuen wird halbiert. Aus anfänglich zwei Einzellern wird ein (1!) neues Individuum. Adam und Eva sind zukünftig auf Gedeih und Verderben als ein einziges Wesen fest miteinander verbunden. Aber es ist im Grunde ein Doppelwesen.

Ein bisschen verwundert müssen wir uns nun fragen, wo und wann den nun die Vermehrung stattfindet, die doch irgendwie der hauptsächliche Sinn dieser Erfindung ist. Die Antwort ist dies: Weder die wiederholte Kohabitation von Mann und Frau noch die einmalige Vereinigung von zwei Geschlechtszellen zieht eine Vermehrung nach sich. Eine Vermehrung kann nur dann erfolgen, wenn dieselben vielzelligen Individuen, also dasselbe männliche und dasselbe weibliche Individuum mehrfach mit- und nacheinander eine Kohabitation oder Kopulation (je nach Art und Ansicht) mit erfolgreicher Befruchtung und Geburt haben, oder wenn bei einer Kohabitation/Kopulation mehrere Eizellen etwa gleichzeitig befruchtet werden und daraus mehrere Nachkommen entstehen. Eine einmalige Kohabitation mit nur einer befruchteten Eizelle, wie das beim Menschen und bei vielen Tieren üblich ist, führt erst einmal nur zur Erhaltung der Art, aber auch nur dann, wenn der neue Spross auch zur Fortpflanzung kommt. Erst dadurch, dass alle Tiere und Menschen mit gewöhnlich nur einer Eizelle pro Ovulation im Laufe ihres Lebens zur mehrfachen Kopulation / Kohabitation fähig sind, ergibt sich eine Vermehrung. Nur bei Tieren mit Mehrfachovulationen zieht eine Kopulation die Befruchtung mehrerer Eizellen und damit eine Vermehrung nach sich.

Und warum ist nun die Vereinigung zweier Menschen das Gegenteil von Vermehrung, wie es bei Wikipedia steht? Dass es sich um eine echte Vereinigung handelt können wir getrost vergessen, denn beide gehen aus der Vereinigung wieder als dieselben Einzelwesen hervor, wie sie es davor gewesen sind. Ganz anders ist das bei den Sexualzellen. Diese beiden kleinen lebenden Wesen vereinigen sich so total miteinander, dass sie als Einzelwesen aufhören zu existieren. Die Vermehrungsbilanz ist also negativ, 1+1 ergibt dabei 1. Oder anders ausgedrückt: Aus zwei Wesen wird eins.

Ich frage erneut: Wer hat denn nun den wahren Sex, die beiden vielzelligen humanen Wesen, die sich ekstatisch aneinander klammern und sich ohne wahrnehmbare Veränderung   wieder voneinander trennen   oder die beiden „primitiven" humanen Einzeller, die sich total eingeben und aufgeben um eins zu werden? Ich möchte meiner These dadurch ein wenig Rückhalt verleihen, dass ich das Abenteuer von Adva und Evam in Paris Kohabitation oder Beischlaf nenne. Die Bezeichnungen „Sex" und Vereinigung möchte ich nur für die Geschlechtszellen gebrauchen. Im Tierreich spricht man normalerweise nicht von Kohabitation oder Beischlaf. Diese hehren Vokabeln werden bei ihnen durch die etwas schlichteren Worte Kopulation und Paarung ersetzt. Dies möchte ich ebenfalls übernehmen, obwohl man bei manchen Tierarten den Eindruck eines Beischlafes bzw. einer Kohabitation nicht ganz verdrängen kann.

***

Die sexuelle Motivation

*Would salmon swim hundreds of miles upriver to the place
of their birth if there were no sex at the end of the journey?*[2]
S. Ohno

Die Beweggründe unserer beiden Modellpaare zum Beischlaf, zur Kohabitation zur Vereinigung oder zum Sex sind unterschiedlich, wenn man denn den Geschlechtszellen einen Beweggrund unterstellen darf. Ob bei unserem vielzelligen Paar in Paris ein Beweggrund vorliegt, darf ebenfalls wenigstens teilweise bezweifelt werden, denn sie sind nicht immer Herr der Situation. Sie sind zu einem beträchtlichen Teil Getriebene. Wir können davon ausgehen, dass die Sexualhormone in den Körpern der beiden Menschen eine Schlüsselrolle spielen, wenn auch das Nervensystem eine dominante Rolle zu spielen scheint. Welche der beiden Systeme tatsächlich die Hauptrolle spielt, lässt sich meiner Meinung nach nicht so ganz klar beantworten. Die sicht- und fühlbaren Handlungen werden zweifelsfrei von Nervensystem dirigiert. Ohne ein intaktes Nervensystem würde Evam den Weg zu Advas Tor der Seligkeit nicht finden. Er hätte auch keinen rechten Spaß bei der Kohabitation, weil das wundersame Gefühl beim Beischlaf sonst nicht aufkommen könnte. Alle Sinne, Sehen, Riechen, Hören, Fühlen sind beteiligt. Wer aber lieber die aus einem romantischen Gefühl heraus angezündete Kerze löscht, dem entgeht ein Teil des Reizes eines zärtlichen Beisammenseins. Manche mögen's eben nur im Dunkel tun.

Dabei fällt mir ein Film: „Der Leopard" ein. Eigentlich hatte ich irgendwann eine gefleckte Raubkatze auf der Leinwand erwartet, aber ich wurde durch die starke Aussagekraft dieses Films angenehm enttäuscht. Stattdessen ging es unter anderem um das Sexualleben eines italienischen Patrizierpaares, das sich immer im Dunkel abspielte. Der Gatte beschwerte sich denn auch bei seiner Geliebten darüber, dass er noch nie den Nabel seiner Gattin gesehen habe. Der Film spielte allerdings um die Mitte des 19. Jahrhunderts, als man, besonders in der italienischen Provinz, noch nicht so frei miteinander umging, wie heute.

Sinnesempfindungen hin oder her, ganz ohne Androgene könnte Evam sein galantes Abenteuer, das berauschende Gefühl des Orgasmus, auch nicht erleben. Aber eben auch nicht ohne ein intaktes Nervensystem. Wir kennen das von bestimmten chirurgischen Eingriffen, bei denen zufällig oder zwangsläufig die nervale Verbindung zum Penis unterbrochen wurde. Aus. Finito. Nichts geht dann mehr. Wir können also schlussfolgern, dass weder die Hormone allein noch das Nervensystem allein in das Himmelreich führen. Wir brauchen beides, denn wenn die Nerven vollkommen durchtrennt sind, können Androgengaben allein die Libido nicht voll wiederherstellen.

Anders liegt die Situation bei Männern, die in früher Kindheit kastriert wurden. Das war früher nicht ganz unüblich bei Knaben, die eine Karriere als Sänger

---

[2] Ohno, S., The Development of Sexual Reproduction. In: Reproduction in Mammals, book 6, The Evolution of Reproduction, Edited by Austin, CR and Short RV, Cambridge University Press 1973

angestrebt haben. In vielen Fällen dürften wohl die Eltern dieser Knaben von dem Ehrgeiz getrieben worden sein, gut verdienende Kinder zu haben. Erwachsen geworden, hatten sie eine ebenso hohe Stimme wie die weiblichen Soprane, hatten aber größere Lungen und somit mehr Volumen in der Stimme. Dadurch waren sie bei den Enthusiasten der Gesangsbühne sehr beliebt. Ihr Nervensystem ist zwar völlig intakt, aber die spärlichen Hormonmengen aus den Nebennieren reichen für gewöhnlich nicht aus, im Gehirn dieser Knaben die Bildung von Androgenrezeptoren zu stimulieren, die für ein männliches Verhalten erforderlich sind. Zum anderen dürfte der durch Androgenmangel unterentwickelte Penis kaum in der Lage sein, eine Erektion zu erleben und eine Kohabitation zu ermöglichen. Auch bei ihm und bei den übrigen männlichen Sexualorganen wie Prostata und Samenbläschen sieht es mau aus. Alles unterentwickelt. Im Gegensatz zu den Knaben und Männern, bei denen bestimmte Beckennerven durchtrennt worden sind, wäre diesen Knaben aber doch mit einer Androgenbehandlung bedingt zu helfen. Wenn sie sich denn helfen lassen wollten. Für die Eunuchen als Haremswächter, sofern sie früh genug kastriert wurden, trifft das Gleiche zu. Es hat sich gezeigt, dass sie ihren privilegierten Job nicht unbedingt für die Möglichkeit eintauschen würden, mit den Schönen, die sie bewachen, aufs Canapé zu hüpfen. Es fehlt ihnen der Antrieb dazu. Das Leben als gefeierter Sopran, als begehrter Sängerknabe oder als in Luxus lebender Haremswächter hat ja schließlich auch seine Vorteile. Wenn auch die Sexualorgane und die Libido unterentwickelt sind und im Gehirn die Prägung auf Männlichkeit nicht oder nur ungenügend stattfinden kann, so ist doch die Intelligenz dieser Knaben und „Männer" keineswegs beeinträchtigt. Im Gegenteil: Orientalische Herrscher hatten sehr oft Kastraten als Berater für Politik und Wirtschaft in ihren Reichen. Vielleicht hatte dies den Vorteil, dass diese Berater nicht den Schwächen der unkastrierten Männer anheimfielen, die die Liebe oft blind macht. Da rutscht „Mann" dann manchmal allzu leicht ins Unrationale ab, was dem Kastraten dank seiner Gelassenheit in sexuellen Dingen nicht so leicht passieren dürfte.

Und wie sieht es bei Adva aus? Ihre in Evams Augen so wundervolle Erscheinung, ihre Brüste (er sagt immer Titten. Dieser und ähnliche triviale Ausdrücke verursachen bei seinem Freund Mitch immer ein heftiges Lidzucken und einen hilflos zusammengekniffenen Mund), ihre zu der schlanken Taille so himmlisch kontrastierenden kräftigen Hüften, ihre süße, zarte, weibliche Stimme, ihr voller, geschwungener Mund hätten sich ohne Sexualhormone so in dieser perfekten Form nicht entwickelt. Aber auch die Androgene spielen bei Adva eine Rolle, insbesondere bei ihrem Sexualverhalten. Auch Frauen werden durch Androgene scharf. Aber erst im Verein mit den Östrogenen wurde dieses prächtige Vollweib aus ihr. Aus Beobachtungen an weiblichen Rhesusaffen weiß man, dass Androgengaben dazu führen, dass sie ihre Männchen häufiger zur Paarung auffordern[3]. Bei kastrierten Weibchen führen Östrogene allein nicht zur Paarungsbereitschaft. Herbert[3] zieht den Schluss, dass die Androgene aus den Nebennieren die Hauptrolle bei der Empfängnisbereitschaft der Affen spielen. Aus

[3] Herbert J, Behavioural patterns, book 4 Reproductive Patterns in: Reproduction in Mammals, Edited by Austin, CR and Short RV, Cambridge University Press 1973

der Tatsache, dass beim Menschen die Frau dauernd in Bereitschaft ist schließt er, dass auch bei ihr die ständig verfügbaren Androgene aus den Nebennieren für ihre Dauerbereitschaft zur Kohabitation verantwortlich sind.

Passend hierzu hat Evam nicht nur Androgene, sondern auch Östrogene im Blut, aber lange nicht so viel wie Adva. Ihre Rolle ist nicht so ohne weiteres zu erkennen. Und doch modulieren sie sein Sexualverhalten und auch sein Aussehen. Auf diesem Gebiet gibt es leider nicht allzu viele Erkenntnisse. Manche Männer schlucken bewusst Östrogenpillen und sagen dann, sie werden danach ausgeglichener, ruhiger und zufriedener. Sicher haben Östrogene eine antiandrogene Wirkung. Aber ob sich die Veränderungen bei den eben genannten Männern ausschließlich darauf zurückführen lassen ist nicht sicher. Allein der Wille, sich zu verändern, könnte ein Teil der Story sein. Das Nervensystem lässt grüßen.

Bei Evam kommen aber zusätzlich noch einige andere verlockende Faktoren ins Spiel. Adva verströmt einen für ihn sehr attraktiven Duft. Und das nicht nur wegen ihres teuren französischen Parfüms. Sie hat auch einen eigenen Körpergeruch, den Evam als angenehmen erregend empfindet. Sie riecht weiblich. Jedenfalls wenn sie gesund ist. Und je näher er ihren Intimzonen kommt, desto betörender wird ihr Duft für ihn. Ihre Haut scheint ein Pheromon auszuströmen, das er im Bereich ihrer Lippen und Brustwarzen noch intensiver wahrnehmen kann und im Schambereich ist er nahe zu betäubend.

Evam würde Adva aber auch dann noch heiß begehren, wenn sie nicht nach sich selber, sondern ausschließlich nach ihrem teuren Parfüm riechen würde. Doch auch dieses Pheromon benötigt Evam im Prinzip nicht. Seine anderen Sinne würden den fehlenden weiblichen Geruch kompensieren.

Auch Evam verströmt einen eigenen typischen Geruch. Einen typisch männlichen natürlich. Und wenn Evam gesund ist, wird dieser Geruch unsere Adva nicht stören, sondern vielleicht sogar interessant oder ebenfalls erregend finden. Andererseits können Menschen sich in nicht seltenen Fällen aber auch einfach nicht riechen. Diese Sache ist individuell sehr unterschiedlich. Es kommt vor, dass ein bestimmter Männergeruch von der einen Frau gemocht und von einer anderen abgelehnt wird. Das wurde in Versuchen mit Freiwilligen festgestellt. Möglicherweise spielt dabei auch der Menstruationszyklus der Frau eine Rolle. In der Ovulationsphase ist eine Frau vielleicht eher geneigt, einen bestimmten männlichen Geruch zu mögen oder wenigstens zu akzeptieren, während dieselbe Frau diesen Geruch vielleicht zwei Wochen später entweder als nicht angenehm oder sogar als nicht akzeptabel empfindet.

Auch das Sperma, das ein Mann bei der intimen Zweisamkeit vorbeikleckert, hat einen Geruch. Ein mir bekannter Androloge hat es in seiner Vorlesung mit „kastanienblütenähnlich" bezeichnet. Doch bei dieser Bezeichnung kamen im Auditorium offenbar Zweifel auf. Studenten und Studentinnen sahen sich gegenseitig an und machten skeptische Gesichter. Offenbar hatten sie größtenteils schon einschlägige Erfahrungen gemacht und stuften den Geruch vielleicht anders ein. Vermutlich nicht als „kastanienblütenähnlich", aber vermutlich auch nicht immer als unangenehm.

***

Leben und sterben lassen

Titelsong des Films „Live and let die" geschrieben von Paul
McCartney und dessen Frau Linda.

Das Ziel der intimen Begegnung zwischen Adva und Evam ist aber nicht wie bei den Sexzellen Adam und Eva die völlige Aufgabe der eigenen Existenz, sondern schlicht das Erreichen eines hohen ekstatischen Zustandes, des Orgasmus. Sie wollen nicht einmal heiraten und auch keine Familie gründen, um den Fortbestand ihrer Art zu sichern. Das ist ihnen völlig egal. Beide können gut und gern ohne einander fast hundert Jahre alt werden, vorausgesetzt, sie fallen nicht frühzeitig einer tödlichen Krankheit zum Opfer oder werden nicht von einem Tanklaster überrollt. Für unsere kleinen Einzeller geht es beim Sex jedoch um Leben und Tod. Eizellen und Spermien, die keinen Sexpartner finden, sind dem schnellen Tod preisgegeben. Nur einer kann nach tiefgreifenden Veränderungen weiterleben und das auch nur, wenn keine Verhütungsmaßnahmen getroffen worden sind und Adva sich in der Periovulationsphase befindet.

Warum aber strampelt sich das Samentierchen so übermenschlich ab? Warum gibt es sich so total hin?

Es hat etwas zu überbringen was seiner Partnerin, der Eizelle fehlt: Es ist jener Teil der Bibliothek, von dem eingangs schon die Rede war. Um seine Bestimmung erfüllen zu können, muss Adam unbedingt dafür sorgen, dass die Kopie seiner Bibliothek, sein Schatz an Informationen, den er von seinem Elternhaus mitbekommen hat, sich mit dem Teil von Evas Bibliothek vereinigt, den sie von ihrem Elternhaus mitbekommen hat. Ohne diese Aufstockung ist auch sie zum Untergang verurteilt und wird nie zu einer Adva oder zu einem Evam. Ohne ihn verliert sie jeden Halt im Leben und erlangt nicht die Kraft, sich in ihrer elterlichen Umgebung zu behaupten.

Eltern scheren sich normalerweise überhaupt nicht um den Verbleib und das Schicksal der Geschlechtszellen. Höchstens, wenn sie einen dringenden Kinderwunsch haben und bei der nächsten Menstruation sehen, dass wieder mal alles umsonst war. Aber Trauer um die verlorene Eizelle erfüllt sie nicht. Die würde, wenn sie keines von den munteren Samentierchen einfangen konnte, sehr schnell altern und erst einmal in den Trichter stürzen und dann durch ein glitschiges, aber trotzdem irgendwie mollig warmes Kanalsystem und finstere Höhlen schlichtweg als alte Jungfer von ihrem Elternhaus in die feindliche Außenwelt abgeschoben. Mit hoher Wahrscheinlichkeit würde sie dann über ein weiteres Kanalsystem, das ihre Elterngeneration für alle möglichen Zwecke gebaut haben mögen, in ein Gewässer gelangen, in dem sie langsam vor sich hinsterben würde. Selbst wenn sie hier auf Adam, der sich mühevoll aus seinem Kondom herausgerappelt haben mag, treffen würde, gäbe es keine Rettung mehr. Sie wären beide schlichtweg zu alt, durch die harsche Außenwelt geschädigt und außerhalb von Evas Elternhaus sowieso verloren. Auch eine Eizelle stirbt den Tod eines Wesens mit menschlichen Genen. Er ist genauso tragisch, wie der des Samentierchens oder sollten wir besser „des Samenmenschen" sagen? Keine Lobby setzt sich für das Leben von Eva und ihren Leidensgenossinnen ein. Auch sie ist nur Abfall, wenn sie keinen Partner findet. Die Welt ist eben grausam. Doch den Sexzellen, die es zu einer Vereinigung geschafft haben, geht es dann anschließend wunderbar. Sie werden von Evas Elternhaus umsorgt, ernährt und geschützt, als wären sie ein Schatz der nicht verloren gehen darf. Und genau das ist er ja auch. Es ist der Schatz, der die Art vor dem Aussterben bewahrt.

Die eben beschriebenen Verhältnissen sind ein bisschen arg vereinfacht dargestellt. Im Tierversuch hat sich herausgestellt, dass es nicht unbedingt das Eindringen eines Spermiums sein muss, das ein Weiterleben einer Eizelle und ihre Entwicklung zu einem Embryo auslöst. Bei Seesterneiern hat Loeb[4] bereits Anfang des vorigen Jahrhunderts durch vorsichtige Dosierung mit Äpfelsäure und anderen chemischen und physikalischen Stimulanzien eine Weiterentwicklung auch ohne die männlichen Geschlechtszellen erreichen können. Solche Tricks funktionieren bei vielen niederen marinen Tieren, bei anderen Arten allerdings nicht. Dennoch erlaubt dieses Ergebnis einen entfernten, vagen Ausblick auf Möglichkeiten auch bei höheren Organismen, einschließlich des Menschen. Es ist also nicht das Spermium, das die Weiterentwicklung des Eies zum Embryo durch, wie man früher glaubte, sog. „Lysine" anregt. Entscheidend scheint zu sein, dass irgendein Agens das Ei veranlasst, eine feste Hülle zu bilden, durch die dann auch kein Spermium mehr eindringen kann. Sowie die Hülle sich gebildet hat, geht es los mit der „Furchung", wie Loeb die beginnende Zellteilung genannt hat. Wir haben gesehen, dass dies im Normalfall durch das Eindringen eines Spermiums geschieht und dass danach kein zweites Spermium mehr eindringen kann. Für den Rest der Millionen von Spermien ist es gleichgültig, wodurch die feste Hülle entstanden ist. Sie stehen in jedem Falle vor einer verriegelten Burganlage mit hochgezogener Fallbrücke. Mir ist nicht bekannt, ob eine nicht durch Spermien verursachte feste Hüllenbildung spontan auch bei Wirbeltieren vorkommen kann. Wenn dies der Fall sein sollte, wäre das eine mögliche Erklärung für ungeklärte Unfruchtbarkeit.

Eine japanische Wissenschaftlerin[5] hat den umgekehrten Weg gewählt. Sie hat Körperzellen neugeborener Mäuse mit Zitronensäure behandelt und eine Reversion zu pluripotenten embryonalen Zellen beobachtet. Doch dieses Ergebnis wird von der übrigen wissenschaftlichen Gemeinschaft sehr stark in Zweifel gezogen. Am Ende musste die Forscherin zugeben, dass sie in der Art und Weise der korrekten Darstellung wissenschaftlicher Ergebnisse nicht geschult war und deshalb ein aus einer anderen Versuchsserie stammendes Foto in ihrer Publikation verwendet hatte.

***

[4]Loeb, J.: Die chemische Entwicklungserregung des tierischen Eies. : J. Springer Berlin 1909

[5] Obokata, H.:Stimulus-triggered fate conversion of somatic cells into pluripotency. Nature 505, 641–647

Sex haben heißt überleben

Zwei Drittel der Menschen in Deutschland glauben an ein Leben nach dem Tod.
http://info.kopp-verlag.de/neue-weltbilder

Uns soll nur interessieren wer wir eigentlich sind und wer hier den Sex hat.

Ich behaupte, dass unsere eigentliche Daseinsform die Samen- und die Eizelle sind.

Sie tragen das großartige Potential zum Sex in sich und können ohne Sex, je nach Spezies zu der sie gehören, nur ein paar Stunden oder Tage überleben. Sie tragen die großartige Halbbibliothek in sich, die ihnen das Weiterleben ermöglicht, wenn sie sich mit einer anderen Halbbibliothek vereinigen. Diese absolute Abhängigkeit des Überlebens von der Vereinigung mit dem anderen Geschlecht, also die Abhängigkeit vom echten Sex, macht sie zu einmaligen Wesen.

Das, was wir gemeinhin vom Menschen sehen, ist die <u>asexuelle</u> vielzellige Generation des Homo sapiens.

Sie kann sich mit dem anderen Geschlecht (ob diese Trennung in Geschlechter korrekt ist, wird weiter unten besprochen) solange vereinigen wie sie will, sie kann damit ihr individuelles Überleben nicht beeinflussen. Auch das liegt ganz im Kalkül unserer Sexzellen, denn wenn wir durch die Kohabitation unsterblich werden würden, wäre die Erde bald so übervölkert, dass auch die sexuelle Vereinigung unserer kleinen Einzeller ihren Sinn verlieren würde.

Mit der Vereinigung der beiden Geschlechtszellen hat aber auch ihre Individualität ein Ende. Es ist eine neue asexuelle Generation entstanden, der **Generationswechsel** ist in seine nächste Phase getreten. Es gibt keinen anderen Weg. Doch im Gegensatz zu der asexuellen vielzelligen Form sterben die Sexzellen am Ende ihrer Individualität nicht, sondern wandeln sich unter Phasen- und Generationswechsel nur um in die uns bereits bekannte Zygote. In diesem Punkt ähneln wir, d.h. unsere Geschlechtszellen, in frappierender Weise den Bakterien und Blaualgen. Auch bei ihnen ist der Tod, abgesehen von Gewalteinwirkung, unbekannt. Wenn unseren Geschlechtszellen also nichts zustößt, leben auch sie ewig weiter, wobei sie einen Phasen- und Generationswechsel durchmachen.

Warum müssen sie sich den unbedingt vereinigen? Weil den Spermien und den Eizellen von ihrer vielzelligen Elterngeneration nur jeweils eine Hälfte der Doppelbibliothek mit auf den Weg ins Leben gegeben wird.

Warum? Weil sie dadurch „gezwungen" sind, sich zu vereinigen, also Sex miteinander zu haben. Ohne eine Vereinigung mit dem anderen Geschlecht würden sie nutzlos zugrunde gehen (hier trifft der Begriff Geschlecht wirklich vollkommen zu, denn sie sind beide grundverschieden und kennen nur ein Ziel: Sex!).

Und warum außerdem noch? Weil die Nachkommen nicht einfach Kopien ihrer Eltern sein, sondern ein eigenständiges Wesen entwickeln sollen.

Warum? Weil in den Nachkommen im Falle von zwei Teilbibliotheken mal aus der einen und mal aus der anderen Bibliothek gelesen werden kann. Und in jeder dieser Teilbibliotheken sind unterschiedliche Seiten verschlossen oder geöffnet. Gene können dominant sein oder rezessiv. Von den rezessiven Genen wird man nichts mehr sehen. Die dominanten Gene aber werden ihre Informationen in Form von neuen Eigenschaften in den Vielzellern zeigen, die sie hervorbringen. Dadurch können neue Eigenschaften ausgebildet werden, die für das neue Wesen von Vorteil sein können, ohne dass sich die Anzahl und die Art der in den Genen enthaltenen Gesamtinformationen verändert, wie das bei einer Mutation der Fall wäre. Ein äußerst raffiniertes System also zur Anpassung an veränderte Umweltbedingungen oder um Vorteile gegenüber anderen Artgenossen oder anderen Arten zu erwerben. Das alles geschieht bereits auf einer sehr frühen Stufe. Es beginnt praktisch schon gleich nach der Vereinigung von Adam und Eva.

Bringen uns die kleinen Dinger, nachdem sie sich gewaltig aufgeblasen haben, jetzt etwa auch noch bei, wann wir „Sex" miteinander haben sollen? Und dass Adva und Evam jeweils unterschiedliche Geschlechtszellen produzieren sollen sodass diese sich miteinander vereinigen und ihren eigenen Sex haben können?

Ja. Das ist so.

Aber sie machen das nicht so direkt. Adva und Evam sind lediglich dazu da, ihnen das zu ermöglichen. Der Umweg scheint groß zu sein. Es dauert Jahre, bis eine neue Generation von Spermien und Eizellen gebildet werden kann und das Rad eine volle Umdrehung gemacht hat. Die Trickkiste für das Erreichen dieses Ziels ist unendlich in ihrer Vielfalt und abenteuerlich in der Wahl ihrer Methoden. Immer geht es um die Sicherung der Weiterexistenz der Art, der die jeweiligen Individuen angehören. Weiter unten in den Kapiteln „Knospung" und „Parthenogenese" haben wir zwei Extrempunkte dieser Vorgänge gewählt. In der breiten Palette an Lebensformen gibt es noch viel mehr Überraschendes, als wir es schon kurz bei den Menschen gesehen haben.

Die Tage unserer vielzelligen Generation sind in jedem Falle gezählt. Selbst dann, wenn wir in Verkennung der Tatsachen oft sagen, dass wir in unseren Kindern und Enkeln weiterleben. Stimmt nicht. Wir hören auf in unserer vielzelligen Generation zu existieren. Aber unsere Sexzellen haben tatsächlich das Potential zum ewigen Leben. Sehen Sie dazu mehr den Kapiteln „Die Keimbahn" und „Wanderer in unserem Körper".

***

Generationswechsel

*Es ist die richtige Entscheidung, jetzt auch für einen
Generationswechsel in der FDP mit einem Neuanfang zu
sorgen.*
Guido Westerwelle auf dem FDP-Parteitag 2011

Um der Lösung der Frage nach dem eigentlichen Sex näher zu kommen, lohnt sich ein Blick in die anderen Gebiete der Wissenschaft vom Leben.

Mich hat von jeher die Problematik des Generationswechsels fasziniert. Viele Tiere, und noch sehr viel mehr Pflanzen, gibt es der allgemeinen Lehrmeinung zufolge in zwei Zuständen. Einer vegetativen, also ungeschlechtlichen, und einer generativen, geschlechtlichen, Form.

Geprägt wurde der Begriff des Generationswechsels für Pflanzen, als man entdeckte, dass zum Beispiel Farne und Moose, aber auch viele Algen, in zwei vielzelligen Zustandsformen existieren. Ein Farn, wie er im Wald steht, ist einer normalen höheren Pflanze sehr ähnlich. Er ist diploid, hat also eine Doppelbibliothek, d. h. einen doppelten Chromosomensatz wie sie. Er produziert haploide, also mit einem einfachen Chromosomensatz versehene Sporen, ähnlich den Pollenkörnchen der höheren Pflanze. Doch diesen Sporen ist es nicht direkt vergönnt, sich sexuell mit einem andersgeschlechtlichen Wesen seiner Art zu vereinigen. Stattdessen wachsen sie ohne Vereinigung mit einer Zelle des anderen Geschlechts zu einem kleinen Pflänzchen heran, das meist absolut keine Ähnlichkeit mit seiner Mutterpflanze hat. Es ist der sogenannte Thallophyt. Erst dieser darf dann endlich die Geschlechtszellen ausbilden, die für die sexuelle Fortpflanzung benötigt werden. Eine Reduktionsteilung, also eine Halbierung des Chromosomensatzes, wie bei den höheren Pflanzen oder Tieren, muss nun nicht mehr erfolgen, denn das ist bereits bei der Sporenbildung der diploiden Farnpflanze passiert, was zur Folge hat, dass bereits der Thallophyt haploid ist. Weil eine Reduktionsteilung nicht mehr stattfinden muss (und natürlich auch nicht kann) sind seine Sporen, sie heißen Meiosporen und sind, obwohl ebenfalls haploid, streng von den Sporen der Farnpflanze zu unterscheiden. Diese können sich nun endlich hemmungslos mit einer andersgeschlechtlichen Meiospore vereinigen. Und hier, nur hier, findet dann der Sex dieser Einzeller in der Form statt, wie wir ihn oben beschrieben haben. Der gesamte Vorgang wurde „Generationswechsel mit Phasenwechsel" getauft.

Der Phasenwechsel besteht nach dieser klassischen Anschauung darin, dass sich eine diploide und eine haploide Generation laufend abwechseln. Und das ist genau der Punkt, um den es mir in dieser Abhandlung geht. **Diesen Phasenwechsel zwischen einer asexuellen diploiden und einer sexuellen haploiden Generation sehe ich als Voraussetzung für einen Generationswechsel an.** Wenn die klassische Biologie den Formenwechsel ohne Phasenwechsel, zu dem im Kapitel „Formenwechsel" mehr zu lesen ist, ebenfalls als Generationswechsel bezeichnet, ist dies wissenschaftlich gesehen bei den heutigen Kenntnisstand zwar nicht falsch, aber einfach inkonsequent. Denn trotz Phasenwechsel kommt es beim

Übergang von der diploiden Farnpflanze zu dem haploiden Thallophyten zu keiner sexuellen Vereinigung von Geschlechtszellen.

Anders als in der hier vertretenen Ansicht, nimmt bei dieser konventionellen Betrachtungsweise keine der Sporen den Rang einer Generation ein. Die haploiden Sporen der diploiden Farnpflanze vereinigen sich nicht mit einer anderen Geschlechtszelle, wohl aber die des Thallophyten. Der Generationswechsel **mit Phasenwechsel** tritt danach, nicht wie klassisch gelehrt, zwischen der diploiden Farnpflanze und dem Thallophyten, sondern durch die sexuelle Vereinigung der haploiden Meiosporen statt, die im Ergebnis zu einer neuen asexuellen diploiden Farnpflanze führt. Das Besondere an dieser Fortpflanzung ist das Auftreten von zwei haploiden Zwischenformen, das bisher außer bei Farnen, Moosen und Algen bei anderen Organismen nicht gefunden werden konnte. Doch es gibt Ausnahmen, die denen der Farne in etwa entsprechen könnten.

Genau betrachtet muss im Leben eines sich sexuell fortpflanzenden Wesens immer ein zweifacher Generationswechsel stattfinden. Tatsächlich ist es bei den Farnen so, dass der Phasenwechsel bereits zwischen der Farnpflanze und ihren haploiden Sporen stattfindet. Der daraus hervorwachsende Thallophyt ist lediglich eine vielzellige Ausprägung der Spore der Farnpflanze, also ein Formenwechsel ohne Generationswechsel. Während der Phasenwechsel also bereits mit der Ausbildung der Farnsporen erfolgt ist, findet der Generationswechsel erst zwischen den haploiden Geschlechtszellen des Thallophyten und der neuen diploiden Farnpflanze statt. Farne sind eben etwas umständlicher in ihrer Fortpflanzung. Doch wenn wir einmal nachrechnen, wie sich dies auf die Zahl der erzeugten Individuen aus wirkt werden wir feststellen, dass aus einer Spore der diploiden Farnpflanze, über die Zwischenstufe des Thallophyten, Tausende neuer diploider Farne hervorgehen können.

Auch bei vielzelligen Tieren können wir ähnliches beobachten, wie weiter unten gezeigt werden wird.

Ich habe oben dargelegt, dass die Sexualzellen die geschlechtliche Generation sind und nicht, wie in der klassischen Biologie vertreten, die Organismen, die diese Geschlechtszellen hervorbringen. Darüber hinaus findet bei allen Organismen, die in zwei Formen (männlich und weiblich) existieren, ein Kernphasenwechsel statt. Dabei lösen sich eine diploide Generation, die einen doppelten Chromosomensatz besitzt (=Doppelbibliothek) und eine haploide Generation, die einen einfachen Chromosomensatz besitzt, ab. Der Kernphasenwechsel trifft dabei zeitlich in etwa mit einem Generationswechsel zusammen. Feinheiten in der Spermiogenese (Spermienbildung) und Oogenese (Eibildung) zeigen uns aber auch hier Zwischenstufen. Sie können aber alle nach der hier aufgestellten These so lange als Formen des diploiden Zustands betrachtet werden, bis die Reduktionsteilung endgültig abgeschlossen und die haploide sexuelle Generation entstanden ist. Dabei ist es nicht, wie z.B. bei Pflanzen, von Bedeutung, ob diese Organismen ein- oder zweigeschlechtlich sind. Selbst bei Arten, die eine oder mehrere parthenogenetische Zyklen (s.u.) einschalten, gilt dies.

Auf den Menschen und alle höheren Organismen übertragen heißt das, dass auch sie einen Generationswechsel haben. Dies wird in der klassischen Biologie nicht so gelehrt. Mit der Anerkennung eines mit einem Phasenwechsel verbundenen

Generationswechsels zwischen dem diploiden Vielzeller und der haploiden Geschlechtszelle reihen wir Menschen uns somit nahtlos in die Reihe nahezu aller tierischen und pflanzlichen Organismen ein. Wir gehören alle zu demselben Stamm.

Bei den verschiedenen Spezies können die beiden Generationen ziemlich gleich oder sehr unterschiedlich aussehen. Bei den Farnen wird den haploiden Sporen kein besonderer Rang zugewiesen, obwohl sie genetisch exakt mit dem aus ihnen hervorgehenden haploiden Organismus, dem Thallophyt, übereinstimmen, bei dem in der klassischen Biologie ein Generationswechsel erkannt wird. Nach der von mir vertretenen These muss jedoch der haploiden Spore der Farnpflanze auch der Rang einer Generation zugewiesen werden, sie ist aber nicht, wie die Meiosporen des Thallophyten, zu einer sexuellen Vereinigung fähig. Der Thallophyt ist demnach nur eine mehrzellige von der Spore abgeleitete Daseinsform. Doch welchen Sinn macht diese Form der Fortpflanzung? Es ist eben die Fortpflanzung selber. Sie dient wie bei so vielen Organismen lediglich der Vervielfachung der Individuenzahl. Trotzdem gehören hier drei Formen, die haploide Spore, der Thallophyt und die Meiospore, derselben Generation an. Erst die Kopulation zweier Meiosporen schließt den Kreis des Generations- und Phasenwechsels mit der Entstehung einer neuen Farnpflanze ab.

Der Phasenwechsel soll uns noch weiter unten beschäftigen, denn er ist der Kern unserer neuen Definition von Generationswechsel und sexueller Generation, den wir auch bei Tieren untersuchen wollen, denn schließlich geht es dabei auch um uns selbst, egal ob Sie nun glauben, dass wir zum Reich der Tiere gehören oder nicht.

***

Formenwechsel

Das Kennzeichen der lebendigen Wesen ist gerade das, dass ihre natürliche Körperhaftigkeit durch und durch (in) biologisch zweckentsprechenden Anpassungen und Spezialisierungen besteht.
Edgar Dacqué[6]

Unter Formenwechsel wollen wir hier den Wechsel der phänotypischen Erscheinung ohne Phasenwechsel verstehen. Die durch Formenwechsel hervorgegangenen Individuen werden allgemein auch als Stadien bezeichnet. Sehen wir uns mal die primitiven Hohltiere an, bei denen alles ein bisschen einfacher ist. Damit sind jetzt nicht die Hohlköpfe gemeint, die unsere Erde in beträchtlicher Anzahl bevölkern, sondern ein hochinteressanter Tierstamm.

Zu den Hohltieren gehören die bei den meisten Menschen so unbeliebten Quallen. Die bei uns in Nord- und Ostsee heimischen Ohrenquallen verdanken ihre Entstehung einem auf den ersten Blick vollständig anderen Wesen: einem kleinen, unscheinbaren Polypen (nicht aus dem, den so manche(r) Mitbürger(in) in der Nase, im Darm oder in der Scheide hat, auch nicht aus dem uniformierten Typen, dem Freund und Helfer des braven Bürgers, dem, der aufpasst, dass keine Rentner in U-Bahnhöfen zusammengeschlagen werden). Dieser Polyp sitzt für ein paar Tage fest auf einem Stein und beginnt dann, wenn er genug gefressen hat, seine kleinen Fangarme, mit denen er mühsam winzige Planktonwesen gefangen hat, zurückzubilden. Kurioserweise beginnt er nun, seinen hübschen zylindrischen Körper in einen Satz von „Untertassen" zu verwandeln. Dazu schnürt sich der zylinderförmige Polypenkörper mehrfach ringförmig ein und entlässt an seinem oberen Ende lauter winzig kleine Quallen. Das nennt man Strobulation, was man als eine Art von Knospung ansehen kann. Es ist ein nicht geschlechtlicher Vorgang der Vermehrung, denn aus einem Polypen werden viele kleine Quallen. Hier findet also nun tatsächlich eine Vermehrung statt. Und zwar auf ungeschlechtlichem Wege. Somit stimmt die Feststellung noch immer, dass Sex mit der Vermehrung nichts zu tun hat. Denn der Sex der Ohrenqualle findet an ganz anderer Stelle statt.

Wir haben Grund anzunehmen, dass Polyp und Qualle, besser als Polypen- und Medusenform bezeichnet,   nur zwei Ausgaben desselben Individuums sind. Zwischen Polyp und Miniqualle findet weder ein Generationswechsel, noch ein Phasenwechsel, sondern nur eine ungeschlechtliche Vermehrung mit <u>Formenwechsel</u> statt. Diese Fähigkeit zur ungeschlechtlichen Fortpflanzung sollte in ihrer Bedeutung keinesfalls unterschätzt werden. Wie sehr die Art *Aurelia aurita* (Gemeine Ohrenqualle) davon profitiert kann nicht hoch genug eingeschätzt werden. Ohne einen Sexpartner suchen und finden zu müssen kommt es durch die Abschnürung von Minimedusen von dem Polypen zu einer beträchtlichen Vermehrung der Individuenzahl. Am Ende der Kette steht nicht nur eine Meduse

---

[6] Edgar Dacqué, "Urwelt, Sage und Menschheit", 8. Aufl., 1938, R. Oldenbourg)

pro befruchtetem Ei, sondern deren viele. Die der Knospung analoge Strobulation, also die Abschnürung der kleinen „Untertassenmedusen", ist nur ein relativ kleiner, aber äußerst erfolgreicher Trick der Evolution zur Erhöhung der Individuenzahl aus einem Ei. Dieser Trick hat aber einen Nachteil: die so erzeugten Nachkommen sind genetisch alle identisch und damit unfähig, sich durch Veränderung ihrer Eigenschaften an veränderte Umweltbedingungen anzupassen.

Die Befruchtung der Eizellen erfolgt dabei entweder im Inneren der weiblichen Qualle oder im freien Wasser. Dort entwickelt sich auch die neue asexuelle Generation mit dem doppelten Satz an Informationen in jeder Zelle ihres kleinen Körpers. Es sind die kleinen süßen Planulalarven entstanden. Die sind ihrer Mutter so gar nicht ähnlich und haben auch keine große Ähnlichkeit mit dem Polypen, der der Erzeuger oder die Erzeugerin der Qualle gewesen ist. Bezüglich ihrer andersartigen Form verweise ich wieder auf die unten diskutierte Epigenese. Diese kleinen Planulalarven tollen mit Hilfe ihrer vielen kleinen Wimpern sehr bald im Wasser herum, bis sie einen Stein gefunden haben, der ihnen zusagt und auf dem sie es sich bequem machen und sich zum Polypen umwandeln können. Und auch dies ist kein Generationswechsel, sondern nur die Umwandlung einer Form in eine andere, die absolut die qualitativ und quantitativ gleiche diploide genetische Ausstattung hat wie ihr Erzeuger, was sie als haploide Geschlechtszellen eben nicht hatten. Sie haben sich nur eine andere, passendere Form zugelegt, um sich dann wieder vegetativ durch Abschnürung von kleinen „Untertassen" vermehren zu können. Der Kreislauf der Generationen hat sich damit geschlossen. Diese kleinen Dinger besitzen nämlich ebenfalls alles, was auch der Polyp besitzt: Eine komplette Bibliothek, geschaffen aus dem Anteil der Eizelle und dem Anteil des Spermiums der Qualle. Sie enthält alle Informationen, die so ein Tierchen im Laufe seines Lebens als Polyp, als frisch vom Polypen abgeschnürte Miniqualle oder auch als geschlechtsreife Qualle benötigt. Die vier „Ohren", die wir bei der Draufsicht bei einer Ohrenqualle sehen, sind in Wirklichkeit ihre Geschlechtsorgane. Bei den männlichen Ohrenquallen sind sie weiß und bei den weiblichen rot bis violett. Schade, dass der Quallenmann die schöne Farbe seiner Partnerin nicht sehen kann. Wenn er es könnte, würde er sicher noch vehementer ihre Nähe suchen und sie dann mit seinen mikroskopisch kleinen Geschlechtszellen einnebeln.

Bei den Quallen und seinen Polypen sind beide Formen diploid, haben also beide den doppelten Chromosomensatz. Doch zwischen Polyp und Qualle besteht dennoch ein kleiner Unterschied: Die Qualle kann, wenn sie groß und stark geworden ist, Geschlechtszellen ausbilden, was diesem speziellen Polypen nicht vergönnt ist. Andere Polypen aber können das (siehe weiter unten), was die prinzipielle Gleichrangigkeit von Polyp und Meduse noch weiter unterstreicht. Bei den Polypen der Ohrenqualle aber ist die Ausbildung von Geschlechtszellen blockiert. Aber auch die Qualle gehört noch zu der nichtsexuellen, vegetativen Daseinsform, denn sie ist diploid und muss erst einmal in einem stillen dafür vorgesehenen Winkel ihres anmutigen Körpers Geschlechtszellen produzieren und deren Chromosomensatz durch Reduktionsteilung halbieren. Der Sinn dieses Mechanismus liegt einzig darin, den Genpool durch das „crossing over" der Chromosomen von zwei Sexpartnern zu erweitern. Die Erweiterung des Genpools macht die aus der Vereinigung hervorgehenden Diplonten flexibler und anpassungsfähiger, als dies bei der rein asexuellen Vermehrung wie z.B. bei der Strobulation der Fall ist. Die Abgabe von Geschlechtszellen durch die Meduse ist kein sexueller Vorgang. Sie dient nur der massenhaften Erzeugung von haploiden Individuen derselben Art. Die Rolle jedes einzelnen dieser Haplonten ist es, sich sexuell mit einer Zelle des anderen Geschlechts zu vereinigen. „Die Qualle" kann sich aufgrund ihrer Anatomie nicht mit einem „Qualler" paaren. Diese delikate Aufgabe haben sie an ihre Geschlechtszellen delegiert.

Bei der Bildung von Geschlechtszellen haben wir es nach dem oben Gesagten mit einem Phasen- und Formenwechsel zu tun, der nach der hier vertretenen Auffassung zu einem Generationswechsel dazugehört. Diese haploiden Geschlechtszellen sind nun die eigentliche sexuelle Generation, denn sie sind in der Lage, sich mit den Geschlechtszellen des anderen Geschlechts zu vereinigen. Aber ihr Leben als freie sexuelle Wesen ist nur kurz. Gierig nach Sex schwimmen die Geschlechtszellen, weibliche wie männliche, in einem wässrigen Medium herum, um einen Partner zu finden. Es kommt, wie es kommen muss: Das freie Leben der Geschlechtszelle, also das der sexuellen Generation, endet in dem Moment, in dem sich die beiden Sexzellen getroffen und vereinigt haben und je nach Spezies nach deren Verschmelzung zur Zygote zu einem Bläschen, einem Zellhaufen oder zu einer Planulalarve geworden sind.

Die von dem Polypen abgeschnürten „Untertassen" drehen sich alsbald um und schwimmen mit der gewölbten Seite nach oben als kleine Quallen durch die Meere. Sie wachsen schnell zu ansehnlicher Größe heran und kommen bald in die Pubertät. Wie beim Menschen beginnen dann auch bei ihnen sodann die Geschlechtsorgane zu wachsen und zu funktionieren und sie produzieren Unmengen von Geschlechtszellen.

Die kleine Qualle, und natürlich auch die große ausgewachsene, sind genetisch völlig identisch mit dem Polypen, der sie in den großen Ozean entlassen hat. Wie kommt es dann aber, dass zwei Wesen mit der gleichen genetischer Ausstattung so verschieden aussehen? Diese Frage tritt in dieser Abhandlung mehrfach auf. Wir werden weiter unten versuchen, dieses Phänomen zu erklären. So viel kann aber schon spekulativ vermutet werden: Die Fähigkeit eine oder sogar mehrere diploide Formen auszubilden, ist offenbar im Genom vieler Organismen vorhanden. Ob sie verwirklicht wird oder nicht, hängt von den sogenannten epigenetischen Prozessen ab.

Bei der Vereinigung der Sexzellen der Meduse haben wir es wieder mit der allgemeinen Erscheinung zu tun, dass der Sex nicht mit einer Vermehrung gleichzusetzen ist. Der Sex, den die zwei Geschlechtszellen der erwachsenen Meduse miteinander haben, führt lediglich zu einem einzigen Nachkommen. Kaum haben sich die beiden haploiden Geschlechtszellen, die wir als Individuen zu betrachten haben, dem Sex hingegeben, ist ein neues diploides Individuum als erste Form einer asexuellen Generation entstanden.

Da nun zwischen Planulalarve und Polyp und zwischen Polyp und Meduse kein wirklich prinzipieller Unterschied besteht, ist es gerechtfertigt, den Generationswechsel nicht wie in der klassischen Biologie üblich zwischen Polyp und Meduse und zwischen Planulalarve und Polyp, sondern sowohl zwischen

Meduse und ihren Geschlechtszellen als auch zwischen den Geschlechtszellen und der Planulalarve (oder auch bereits der Zygote) zu sehen. In beiden Fällen kommt es zu einem Phasenwechsel mit Formenwechsel, nach meinem Verständnis also zu einem Generationswechsel, wobei die diploide Phase von einer haploiden Phase, und die haploide Phase von einer diploiden Phase abgelöst wird. Es gibt keinen zwingenden Grund anzunehmen, dass die durch Phasen- und Formenwechsel entstandene Planulalarve und der aus ihr durch Formenwechsel entstandene Polyp einer anderen Generation angehören als die durch Formenwechsel entstandene Meduse. Die Übergänge zwischen den Formen sind sogar beinahe fließend.

Nach Ansicht der traditionellen Biologie ist in unserem vorgenannten Beispiel die Quallengeneration die geschlechtliche, also sexuelle, Generation, weil sie die Geschlechtszellen hervorbringt. Die kleinen Polypen, die die kleinen Quallen Stück für Stück abgeben, gelten danach als die ungeschlechtliche, asexuelle Generation. Quallen und Polypen sind also nach der gängigen wissenschaftlichen Auffassung verschiedene Generationen einer Tierart. Die Wissenschaft spricht an dieser Stelle von einem Generationswechsel.

Aber findet der Generationswechsel wirklich zwischen dem Polypen und der Qualle statt? Ich denke, es ist nach dem oben Gesagten legitim von der Qualle als einer besonderen Form des Polypen zu sprechen, aus dem sie auch ohne große Umstände einfach durch Abschnürung von untertassenförmigen Teilen hervorgeht. Qualle und Polyp unterscheiden sich nur morphologisch. Genetisch und funktionell sind sie identisch mit der Ausnahme, dass die Polypen nicht schwimmen können und auch keine Geschlechtszellen hervorbringen. Es wäre aber auch ohne weiteres denkbar, dass der Polyp selber Geschlechtszellen produziert und diese sich dann zu einem neuen Wesen vereinigen, ganz wie wir es beim Menschen weiter oben gesehen haben. Tatsächlich gibt es solche Polypen, wie zum Beispiel die süße kleine Süßwasserhydra, die auch hierzulande in kleinen Teichen vorkommt. Sie bildet keine kleinen Quallen aus. An dieser Stelle kann also die These aufgestellt werden, dass die Qualle nicht die sexuelle Generation sondern eine der drei asexuellen Zustandsformen, Qualle, Polyp und Planualarve, darstellt.

Entwicklungsgeschichtlich bestehen zwei Denkmöglichkeiten, um die Unterschiede zwischen den beiden Polypenarten zu erklären. Einerseits könnte die Quallenform einfach das Produkt einer besonderen epigenetischen Ausgestaltung des Polypen sein, der die eigentliche asexuelle Form der Spezies darstellt. Andererseits könnte die Polypenform eine spezielle epigenetische Ausgestaltung der Planulalarve sein, die dann ihrerseits die eigentliche asexuelle Form wäre. Bei der Süßwasserhydra wäre das durchaus leicht nachzuvollziehen, wenn man den Polypen als Sonderform der Planulalarve auffasst. Die sich aus dem Ei entwickelnde Larve muss sich ja nur auf ein Substrat setzen und schon wird ohne große Umstände ein Polyp aus ihr. Der legt dann schon wieder neue Eier, womit sich der Kreis geschlossen hat. Der Generations- und Formenwechsel der Süßwasserhydra würde sich dann wie folgt abspielen: Sexzellen (sexuelle Generation), Planulalarve/Polyp (asexuelle Generation).

Die Zygote ist aus dieser Betrachtung herausgelassen worden. Es wäre aber durchaus gerechtfertigt, ihr den Rang einer asexuellen Form zuzubilligen. Sie ist das direkte Folgeprodukt einer Vereinigung von Eizelle und Spermium und damit ein Mitglied der asexuellen Formen. Wenn wir die Zygote mit in die Betrachtung einbeziehen, dann ist die Planulalarve eine besondere Form der Zygote. Eine etwas schwierige Vorstellung, denn dann müssten wir allen Zygoten aller Tierspezies in den Rang einer asexuellen Form erheben und konsequenterweise alle aus der Zygote hervorgehenden weiteren Formen als deren epigenetische Ausgestaltung betrachten.

Sehen wir uns die Entwicklung eines Menschen von der Zygote bis zum Neugeborenen an, dann drängt sich nach dem vorher Gesagten der Verdacht auf, dass auch wir einen mehrfachen Formenwechsel durchmachen, zum Beispiel zwischen Zygote und Bläschenstadium oder zwischen Bläschenstadium und Maulbeerstadium. Es gibt gerade bei Wirbeltieren höchstwahrscheinlich noch viel mehr Unterstadien, die als solche bisher nicht erkannt oder nicht anerkannt worden sind. Die Übergänge mögen in der stark gerafften Form fließend und ein bestimmtes Stadium genau zu definieren schwierig sein. Doch wenn wir den Lehrsatz von Ernst Haeckel[7] gelten lassen, dass die Individualentwicklung eine Wiederholung der stammesgeschichtlichen Entwicklung ist, dann sind fließende Übergänge zwischen den Stadien die logische Folge. Auch die Evolution einer Art spielt sich in stammesgeschichtlicher Dimension betrachtet fließend ab. Sprungförmige Veränderungen wären nur durch größere, einschneidende Mutationen möglich.

Wenn wir den Generationswechsel mit Phasenwechsel bei den Hohltieren nun zwischen Meduse und ihren Geschlechtszellen sehen (für die umgekehrte Richtung trifft das auch zu), dann muss dieses Postulat auch auf den Menschen Anwendung finden. Ein solcher Gedanke ist eigentlich unerhört. Jeder Humanbiologe wird ihn weit von sich weisen. Doch er findet meiner Meinung nach statt. Genau wie zwischen der Meduse und ihren Geschlechtszellen.

Die Natur (was immer das sein mag) geht mit ihren sogenannten Erfindungen nicht wahllos um. Was sich einmal bewährt hat, wird mit höchstens kleinen Variationen immer wieder auftreten. Zwar kann eine Entwicklungsphase bei bestimmten Tierarten unterdrückt oder übersprungen werden. Sie kann auch stark gerafft ablaufen. Aber die Neuerungen, die in den unteren Regionen des Stammbaums der Tiere und Pflanzen aufgetreten sind, zeigen über große Perioden hinweg eine stark konservative Tendenz, d.h.: sie werden für äußerst lange oder für immer beibehalten. So haben wir hochentwickelten Menschen immer noch den gleichen zellulären Grundaufbau und die gleichen grundlegenden Zellfunktionen, wie die obengenannten Hohltiere, ja sogar wie die frei im See- oder Süßwasser schwimmenden Einzeller.

***

---

[7] Haeckel nannte es ein „biogenetisches Grundgesetz", Heute wird von vielen Wissenschaftlern bestritten, dass es sich um ein Grund„gesetz" handelt. Die Theorie wird als veraltet angesehen.

Die sexuelle Generation

Es sind gerade die Inkonsequenzen des Lebens, welche die größten Konsequenzen haben.

André Gide, Schriftsteller,
Nobelpreis 1947

Der Begriff *Generation* wird in der traditionellen Biologie für die einzelnen Glieder einer Abstammungslinie verwendet (z.B. Elterngeneration, Tochtergeneration oder Enkelgeneration, in der heutigen Wissenschaft auch P-, F1- und F2-Generation genannt). Diese Definition ist zwar nachvollziehbar, für unser Problem aber nicht eben hilfreich, weil sowohl die Eltern- als auch die Tochtergenerationen den gleichen doppelten Chromosomensatz haben. Sie gehören alle einer aus der Vereinigung von Sexualzellen hervorgegangenen asexuellen Generation an.

Beim Übergang von einer Generation in die nächste kann nach dieser konventionellen Auffassung aber auch auf eine sich zweigeschlechtlich vermehrende vielzellige Elterngeneration eine sich ungeschlechtlich vermehrende vielzellige Tochtergeneration folgen und nach dieser wieder eine andere vielzellige zweigeschlechtliche Generation ohne Zwischenschaltung einer einzelligen sexuellen Generation mit Phasenwechsel. Danach kennt die traditionelle Biologie also so'ne und solche Organismen.

Ist das konsequent wissenschaftlich und realistisch gedacht? Nach meiner Ansicht keinesfalls, denn ein Kernphasenwechsel findet bei allen Organismen statt, die Geschlechtszellen produzieren. Die Frage, die sich uns an dieser Stelle stellt ist, ob die Geschlechtszellen als eine von dem vielzelligen Organismus abzugrenzende Generation angesehen werden kann, oder nicht. Ich bejahe diese Frage, denn wie sonst soll man diese zu einem, wenn auch kurzen, Eigenleben fähigen Wesen definieren? Ihr Genom geht direkt aus dem Genom der vielzelligen Generation hervor. Der Unterschied zwischen ihnen besteht darin, dass sie durch Reduktionsteilung statt der zwei Chromosomensätze nur einen auf den Lebensweg mitbekommen haben. Im Prinzip ist das kein fundamentaler Unterschied, denn die beiden Chromosomensätze der vielzelligen Elterngeneration haben denselben Informationsgehalt wie der einfache der Sexzellen. Es gibt sogar haploide Spezies, die ihren diploiden Verwandten aufs Haar gleichen.

Die im Vergleich mit ihren Erzeugern morphologisch völlig anders konstruierten Geschlechtszellen sind die Erzeuger der nächsten vielzelligen Generation. Es handelt sich nicht bloß um einen Formenwechsel wie zwischen Polyp und Qualle. Wir haben es hier mit einem Generationswechsel in Kombination mit einem Phasenwechsel zu tun. Oder anders ausgedrückt: Der Phasenwechsel als Grundvoraussetzung für einen Generationswechsel tritt hier an dieser Stelle ein.

Wieder müssen wir uns die Frage stellen, wie die haploide Generation so verschieden von den diploiden Generation aussehen kann, wo doch der Gehalt an genetischer Information qualitativ in beiden Generationen der gleiche ist.

Auch hier von epigenetischen Vorgängen zu sprechen erscheint auf den ersten Blick völlig abwegig. Wir wollen dies weiter unten aber dennoch einmal unter die Lupe nehmen.

***

Verlust der Sexualität

Man weigert sich, solange man im jugendlichen Drang den wechselvollen Alltag genießt, in den Greisen das eigene Schicksal zu sehen.
Simone de Beauvoir

Im Laufe der menschlichen Entwicklung kommt es nach der sexuellen Vereinigung der beiden Geschlechtszellen zu einer tiefgreifenden Veränderung in der Form und in den Funktionen des neuen Wesens, das unsere vereinigte Zelle nun darstellt. Endlich kann sich jede der beiden Hälften freuen, ein vollwertiges Mitglied ihrer Sippe zu sein. Einen Wermutstropfen müssen die beiden Teilwesen nun aber doch schlucken: Sie haben ihre Sexualität verloren, der sie sich noch eben so sehr erfreut haben. Schicksal. Aber sie haben ja die tröstliche Aussicht, dass ihre Abkömmlinge später einmal in dem neuen Wesen, das sie jetzt mit aufbauen, wieder zu Sexualzellen mit pfeffrigem Sex werden. Denn eigentlich sterben sie nie. Sie ruhen nur eine Weile als Keimbahnzellen, um dann in der nächsten Generation wieder als Sexzellen erscheinen zu können.

Nach der Befruchtung entwickelt sich aus dem Zweierklümpchen nun rasend schnell ein Vierer- Achter- und so weiter Klümpchen, das sich in ein Bläschen verwandelt, und aus dem Bläschen wird ein Komma, das eine gewisse Ähnlichkeit mit einem primitiven Urwesen und schließlich mit einem Fisch hat. Spätestens von jetzt an wissen Sie, wie es weiter geht. Aus dem Fisch wird ein Amphibium, aus dem Amphibium ein Reptil, aus dem Reptil ein primitives Säugetier mit Schwänzchen und schließlich ein kleiner netter Fetus, der aussieht wie ein richtiger kleiner Mensch. Und das ist er ja auch.

***

Wer sind wir?

Die klassische Biologie unterscheidet bei den Tieren und Pflanzen, die nach dieser Lehre einen Generationswechsel haben, zwischen einer generativen (geschlechtlichen) und einer vegetativen (ungeschlechtlichen) Generation. Sollten Sie lieber Leser, meiner provokativen These bis hierher gefolgt sein, dann wissen bereits, welche Generation nun geschlechtlich (generativ) und welche ungeschlechtlich (vegetativ) ist. Damit ist auch gleichzeitig die Frage nach dem wahren Sex geklärt.

In der traditionellen Biologie ist eine neue Generation die direkte Nachkommenschaft einer Elterngeneration, also platt gesprochen, die Kinder der Eltern. Diese können wieder eine neue Generation von Kindern erzeugen, die dann die Enkelgeneration sind und so weiter.

Die Wissenschaft kennt aber noch einen anderen Generationswechsel. Diesen gibt es nach konventioneller Auffassung nur bei einigen wenigen Tieren und Pflanzen, aber nicht beim Menschen. Nicht einmal alle Tiere und alle Pflanzen haben nach der gängigen Ansicht der modernen Wissenschaft einen Generationswechsel. Als typische Vertreter von Arten mit Generationswechsel werden die Farne und Moose genannt. Bei ihnen erzeugt eine diploide Generation haploide Sporen, aus denen sich dann haploide Pflanzen, die Thallophyten, entwickeln, die ganz anders aussehen, als ihre Elterngeneration.

An dieser Stelle bin ich bereit, Sie lieber Leser, und alle anderen vor den Kopf zu stoßen. Es ist meines Erachtens wissenschaftlich nicht korrekt oder zumindest inkonsequent, zwei so unterschiedliche Vorgänge wie einerseits eine durchgängig diploide Folge von Nachkommen ohne Kernphasenwechsel und andererseits eine Folge von Nachkommen, in der regelmäßig ein Wechsel zwischen der diploiden und der haploiden Form mit Phasenwechsel stattfindet, mit dem gleichen Terminus „Generationswechsel" zu bezeichnen.

Deshalb wird an dieser Stelle die Behauptung aufgestellt: Ein Generationswechsel findet nicht zwischen den aufeinanderfolgenden diploiden Individuen einer Nachkommenlinie statt, sondern zwischen der diploiden Elterngeneration und der haploiden Generation der Geschlechtszellen dieser Individuen.

Alle diploiden Lebewesen auf dieser Erde, die haploide Geschlechtszellen produzieren, die sich wiederum zu einem diploiden Wesen vereinigen, haben einen Generationswechsel. Die eigentliche sexuelle Generation sind dabei die Geschlechtszellen, also die Spermatozoen oder Spermien im männlichen Geschlecht und die Eizellen in weiblichen. Den Sex haben nach dieser These auch nicht wir wunderbaren, erwachsenen Menschen, sondern die Spermien und die Eizellen, die wir am laufenden Band hervorbringen! Spätestens nach ihrer Vereinigung zur Zygote sind sie trotz ihrer Winzigkeit genetisch genauso komplett wie wir riesigen Konstruktionen aus Milliarden von Zellen. Aber auch bereits vor der Vereinigung sind sie selbständige, für kurze Zeit lebensfähige Organismen.

Mit der halben Bibliothek könnten sie im Prinzip sogar zu einem neuen hochkomplexen Lebewesen werden, wie uns das die Farne und Moose zeigen. Beispiele dafür gibt es in der Natur genügend. Manche können's die meisten können's nicht. Die, die es können, sind die „Haploiden" oder „Haplonten" im Gegensatz zu den „Diploiden" oder „Diplonten". Dass manche Organismen eine durchaus länger überlebensfähige haploide Generation hervorbringen, lässt sich zwanglos damit erklären, dass auch in ihnen die Fähigkeit zur Zellteilung angelegt ist. Für einige Arten ist dies von Vorteil, die meisten anderen aber überspringen diesen Schritt und gehen direkt als einzellige Haplonten eine Verbindung mit einer haploiden Zelle des anderen Geschlechts ein.

Der Knaller in dieser Geschichte ist, dass sich auch beim Menschen und den allermeisten Tieren die beiden Generationen in einer haploiden einzelligen Geschlechtszellen- und in einer diploiden vielzelligen Generation zeigen. Generations- und Kernphasenwechsel gehen also auch hier zusammen. Kehren wir noch einmal zu Adam und Eva zurück. Die beiden sind haploid, weil sie nur die halbe Bibliothek ihrer Eltern mit auf den Lebensweg bekommen haben. Evam und Adva, unser verliebtes Paar in Paris, sind dagegen diploid, weil Adam und Eva ihre Sachen zusammengelegt haben und als Evam oder Adva über eine Doppelbibliothek verfügen. Adva ist von Eva und Evam ist von Adam auf den ersten Blick so verschieden, dass ein Außerirdischer, der alle Lebewesen des Planeten Erde sammeln und katalogisieren möchte, sie für zwei Exemplare unterschiedlicher Spezies halten könnte. Würden unsere Besucher aus dem All allerdings den genetischen Code dieser beiden so verschiedenen Wesen lesen und vergleichen können, dann würden sie feststellen, dass beide die gleiche Bibliothek enthalten. Sie würden sie dann vermutlich beide als zwei Formen der gleichen Spezies einstufen. Und das sind sie ja auch tatsächlich.

**

Die asexuellen Generationen

Ein Mann und eine Frau ist e i n Mensch.
Mann alleine =1/2 Mensch.
Frau alleine = 1/2 Mensch.

Andrzei K, gefunden bei Yahoo

Im Tierreich gibt es oft mehrere aufeinanderfolgende sogenannte „Generationen" mit doppeltem Chromosomensatz. Sehen wir uns doch mal den netten kleinen Leberegel an. Er ist ein Paradebeispiel hierfür. Er wohnt in der Leber von Huftieren. Dort fühlt er sich besonders in der bitteren Galle seines Wirtes wohl und verstopft gelegentlich auch die Gallengänge, weil sich Egel an Egel reiht. Manchmal rollen sich mehrere sogar zu einer Art Zigarre zusammen und blockieren den Gallefluss total. Dann ist die Gelbsucht nicht mehr fern. Aber bei den Huftieren sieht man das wohl kaum, weil bei ihnen die Haut nicht zu sehen ist. Man muss ihnen schon tief in die Augen schauen, um die Gelbfärbung zu erkennen. Außerdem haben die Leberegel eine stachelige Haut, die in der Leber zu Reizungen und Entzündungen führt. So eine Leber kann man getrost in die Tonne werfen, denn sie ist so geschädigt, dass sie hart wir Holz ist.

Egelmann und Egelfrau sind in einer Person vereinigt, d.h. sie sind Zwitter und diploid. Dieser Zwitter gibt nun tausende von haploiden Geschlechtszellen beiderlei Typen ab, die bereits befruchtet als diploide Zygote das elterliche Zuhause verlassen und mit dem Kuhfladen nach außen in die Freiheit gelangen. Eigentlich könnte jetzt eine Kuh oder ein Schaf kommen, die Zygote aufnehmen und sich dadurch erneut mit Leberegeln infizieren. Doch so einfach macht sich das der Egel nicht. Die Egelzygote ist für die Kuh und das Schaf und alle sonstigen Egelwirte ungefährlich. Sie kann sich in ihnen nicht weiterentwickeln. Weil die Kuh mal hierhin und mal dahin einen Fladen absetzt, sind die Egelzygoten sehr weit verstreut. Außerdem frisst eine Kuh niemals das üppige Gras einer Stelle, unter der sich ein Fladen befindet, selbst wenn er ein Jahr alt ist. Das riechen die genau. Was wird nun aus der armen Zygote, die nicht einmal ein Rind infizieren kann? Wenn die Sonne heftig drauf scheint, ist sie wahrscheinlich hinüber. Aber Mamapapa-Egel hat für seine Sprösslinge einen wundervollen Plan entwickelt. Und dieser Plan, wie sollte es anders sein, befindet sich in sicherer Verwahrung im Genom der Zygote, die sich noch in dem Rindvieh aus dem Ei entwickelt hat. Nun kommt die erste von mehreren Verwandlungen des Egelchens. Wenn die Zygote es geschafft hat, im Inneren des Fladens zu überleben, kann sie beim nächsten Regenschauer, oder wenn der Graben am Rand der Weide über die Ufer tritt (oder auch, wenn die Kuh in das Wasser gefladet hat) das Zygotenstadium hinter sich lassen und als niedliche bewimperte Larve baden gehen. In der klassischen Biologie sind die Planulalarven nun Tiere der ersten Generation. Offenbar sagte ihr der Duft des Fladens nicht so besonders zu, aber den Duft von Schneckenschleim findet sie betörend. Sie folgt nun der Schleimspur einer Schnecke wie ein Schweißhund einem angeschossenen Hirsch und bohrt sich, sowie sie die zu der Schleimspur gehörende Schnecke gefunden hat, in sie hinein. Nun ist ihr Leben vorerst nicht mehr akut bedroht. Im Gegenteil, sie fühlt sich so wohl, dass sie in ihrem jugendlichen Leichtsinn sogar schon an Vermehrung denkt. Doch sie ist allein in der Schnecke. Aus lauter Frust verwandelt sie sich, wirft dabei ihre schönen Wimpern ab, gibt ihr bezauberndes rotes Auge beim Hausmeister ab und verwandelt sich in eine hässliche Sporozyste. In der traditionellen Biologie sind die Sporozysten nun Tiere der zweiten Generation. Diese Umwandlung wird dann auch als heteromorpher Generationswechsel bezeichnet, weil sich die „Generationen" in ihrem äußeren Aussehen unterscheiden. Doch wir wollen bei unserer These bleiben und an dieser Stelle nicht einen Generationswechsel, sondern nur einen Formenwechsel gelten lassen. Das gilt auch für die nachfolgend genannten weiteren Formen des Leberegels. Warum? Weil nach unserer These ein Generationswechsel immer mit einem Kernphasenwechsel einhergehen muss. Und das ist hier nicht der Fall.

Dass unsere Sporozyste nun nicht mehr so schön ist, macht ihr nicht das Geringste aus, denn man sieht sie im Inneren der Schnecke ja sowieso nicht. Aber in ihr tobt das Leben. Aber das Leben der Sporozyste selbst nimmt bald und urplötzlich ein Ende.

Als wäre sie schwanger geworden, bilden sich in ihr ganz spontan durch Parthenogenese Brüder oder Schwestern, die Redien. Das wäre in der traditionellen Biologie die dritte Erwachsenengeneration und ein neuer heteromorpher Generationswechsel des Egels. Für uns ist es nur eine weitere, nach der Planularlarve und der Sporozyste, die dritte Erscheinungsform der diploiden Generation, die mit den vorigen beiden genetisch identisch und ebenfalls diploid ist. Es hat nur ein Formenwechsel stattgefunden.

Als Parasit darf man nicht zimperlich sein. Die Redien werden bald die zur bloßen Hülle degenerierte Sporozyste sprengen und verlassen. Sie bleiben aber noch in der Schnecke.

Auch die Redien sind zur Parthenogenese fähig und werden wie ihre Vorschwester schwanger. Dass ich hier nicht von einer „Mutter" oder einem Elternteil sprechen kann liegt daran, dass die Redien nicht aus einer Vereinigung von Sexzellen hervorgegangen sind. In ihnen bildet sich nun die vierte Erwachsenenform des Egels aus, die Zerkarie. Auch dies wird traditionell als heteromorpher Generationswechsel bezeichnet, da sich die Generationen in ihrem äußeren Aussehen unterscheiden. Wir bleiben aber dabei, dass es sich lediglich um einen Formenwechsel handelt, da die genetische Ausstattung, also in diesem Falle die Ploidie, mit der der vorigen Form identisch ist, also kein Phasenwechsel stattfindet.

Nicht nur eine, sondern gleich mehrere Zerkarien verlassen die schützende Redie und bald darauf auch die Schnecke. Die Zerkarien haben einen kräftigen Ruderschwanz und ähneln einerseits verdammt den Spermien der Wirbeltiere, haben mit denen andererseits aber nicht das Geringste gemein. Denn sie sind diploid und vielzellig und ihr Vorderteil sieht schon eher wie ein kleiner Egel aus. Und das ist er ja auch. Jetzt will er nur noch gefressen werden, dann seinen Ruderschwanz abwerfen und es sich in der Chemiefabrik eines Rindes, der Leber, gemütlich machen. Er weiß genau wo er sich platzieren muss, um in das Rind zu gelangen: Er sucht sich einen schmackhaften Grashalm, von dem er hofft, dass er von einem Rind aufgenommen wird. Den Tanz zwischen den wiederkäuenden

Zähnen des Hornträgers meistert die Zerkarie locker. Sie ist so klein, dass sie im Grunde überhaupt nicht getroffen, geschweige denn zerquetscht werden kann.

Traditionellerweise haben wir es also mit einer Eltern- und vier Tochtergenerationen zu tun. Doch *Einspruch Euer Ehren*: Ein Kernphasenwechsel findet nicht hier, sondern nur zwischen der Elterngeneration, also dem in der Leber lebenden Egel, und seinen Geschlechtszellen statt. Nach unserer These gehören darum nicht nur alle vier sogenannten „Generationen" (Wimpernlarve, Sporozyste, Redie und Zerkarie) zu einer einzigen Generation, sondern auch der ausgewachsene Egel. Obwohl sie alle sehr unterschiedlich aussehen, sind sie doch alle nur Erscheinungsformen des diploiden Egels. Der Sinn dieser komplizierten Geschichte ist die Sicherstellung einer ausreichenden Zahl von Nachkommen. Obwohl ein in der Leber fest etablierter Egel fünf Jahre lang leben und viele Millionen Eier produzieren kann, genügt diese Anzahl noch nicht, um die Art mit Sicherheit zu erhalten. Wie eine russische Matrioschka sind mehrere Zustände ineinander verschachtelt, wobei aber nicht nur ein Exemplar einer neuen Form, sondern gleich Dutzende die Hülle über ihr verlassen. So wird die Nachkommenzahl pro Ei noch mal etwa dreihundertfach potenziert, ohne dass ein Sexualpartner gefunden werden muss. Das ist ungemein praktisch.

Die fünf genannten Erscheinungsformen des Egels sind asexuell. Dass das letzte Stadium, der in dem Rind parasitierende Leberegel, Geschlechtsorgane ausbildet macht ihn nicht zu einer neuen Generation, weil kein Phasenwechsel stattfindet. Das ist den darauf folgenden Geschlechtszellen vorbehalten.

Wie finden sich denn nun die männlichen und weiblichen Geschlechtszellen des Egels? Als Pragmatiker hat der das ganz elegant gelöst. Er ist ein Zwitter! Er macht es sich selbst, braucht also nicht einmal einen Partner zu suchen. Noch ein Vorteil zum Wohle der Arterhaltung. Ob Zwitter oder nicht, ist in dieser Betrachtung unerheblich. Wichtig ist nur, dass zwei Arten von Geschlechtszellen produziert werden. Und wenn das in einem Haus geht, warum nicht? Das Ganze legt aber auch den Schluss nahe, dass der Egel diese Strategie auch wirklich braucht, um seine Art zu erhalten. Denn Rinder, außer beim Bauern nebenan, gibt es über die Fläche eines Landes verteilt relativ wenige. Und die Chance einer Zerkarie, wirklich von einem Rind gefunden und gefressen zu werden, ist nur in Gebieten mit einer gewissen Befallsdichte gegeben. Ein Analogieschluss (aber keine Homologie!) zu dem Schicksal der vielen Spermien höherer Tiere liegt irgendwie nahe.

Und noch eines lehrt uns der phantastische Lebenszyklus des Leberegels: Der Sex zwischen zwei Geschlechtszellen führt nicht zu einer Erhöhung der Individuenzahl, sondern zu ihrer Halbierung. Die Vermehrung findet ausschließlich auf asexuellem Wege statt. So wird aus zwei Sexzellen erst einmal ein einziges Folgeindividuum. Dieses aber vermehrt sich vielhundertfach auf asexuellem Wege ohne Kernphasenwechsel und somit auch ohne Generationswechsel. In dieser oder auch in mehr oder weniger vereinfachter Form ist dieses Muster bei allem Vielzellern anzutreffen.

***

Ein Wunder des Lebens

Die Festung Alamut wurde im Jahre 840 von Wahsudan bin Marzuban auf einem Felsen in 2100 Metern Höhe errichtet.

Vieles, was in unserem Körper abläuft, ist indirekt und wird über X Vorstufen vorbereitet und eingeleitet. Alles ist in der Bibliothek der vereinigten Samen- und Eizelle bereits festgelegt. Ein Ingenieur würde von einem Wunderwerk der Technik sprechen. Es ist aber ein Wunder des Lebens. Irgendwie drängt sich mir spontan der Vergleich mit der Rose von Alamut auf, einer mittelalterlichen hochkomplizierten Festung im Iran, die von Peter Berling in seinem Roman „Die Krone der Welt"[8] beschrieben wird: Eine uneinnehmbare Festung mit einem wassergetriebenen System aus einer feinen Balance von Gewichten, Massen und Hebelkräften. Ob es Dichtung oder Wahrheit ist, wird Peter Berling zu beantworten wissen. Ich konnte keine diesbezüglichen authentischen Quellen finden, die dies in der Art Berlings beschreiben. Aber ich liebe die Vorstellung, dass es in etwa so gewesen sein könnte, wie er es beschreibt. Jedes Quäntchen Wasser, das ein System von Aufzügen, Zugbrücken, Verteidigungsanlagen, Uhren, Wasserspielen etc. durchläuft, hat eine Rolle zu erfüllen.

Bestimmte Verhaltensweisen setzen die Existenz und Funktion von Organen oder Drüsen voraus, die bestimmte Stoffe produzieren und diese sind es dann, die das Verhalten steuern oder zumindest - oft im Verein mit dem Nervensystem - an der Steuerung maßgeblich mitwirken. Ich beschränke mich in dieser Hinsicht ganz auf die naturwissenschaftlich nachprüfbaren Zusammenhänge. Keinesfalls aber will ich damit ausschließen, dass auch die sogenannte und noch von keinem materiell gefundene Seele des Menschen und die Seele höherstehender Tiere eine gewichtige Rolle spielen könnte.

Auf der organischen Seite stelle ich mir das Ganze immer wie eine mehrfach geschichtete Pyramide vor. Ganz oben und mit wenig Masse und scheinbar geringem Einfluss steht die Keimzelle. Sie induziert in der nächsten Stufe unter ihr die Bildung weiterer Organe und Gewebe, die wiederum weitere Organe und Gewebe produzieren. Gerade im Bereich der Steuerung der Sexualfunktionen wird so eine mehrfach geschachtelte Hierarchie aufgebaut, die nach unten hin immer breiter und mächtiger wird, bis wir schließlich bei den primären Sexualorganen anlangen. Primär deswegen, weil sie und nur sie die Geschlechtszellen, also unsere sexuelle Generation, hervorbringen können.

Doch nicht nur der Aufbau von Zellen, Geweben und Organen vollzieht sich auf diese hierarchische Weise, sondern auch die Synthese und Ausschüttung von Hormonen und anderer Faktoren, die am Wachstum und der Entwicklung beteiligt sind, selber aber nicht als feste Struktur in Erscheinung treten. Sie sind und bleiben sogenannte Mediatoren oder Botenstoffe, also Stoffe, die etwas vermitteln oder ermöglichen. Winzige Mengen eines weiter unten in der Hierarchie stehenden Hormons oder anderen Botenstoffes können die Produktion massiver Mengen

[8] Berling P, Die Krone der Welt, Bastei-Verlag Gustav H. Lübbe GmbH & Co., Bergisch Gladbach 1977

eines anderen Hormons oder ganzer Zellsysteme der nächsten Ebene unter ihnen induzieren. Dadurch muss sich unsere Urkeimzelle nicht mehr selber um alles kümmern. Die Dienstboten in den Etagen unter ihr machen das dann schon alles richtig.

***

Sekundäre Geschlechtsmerkmale

*The stromal cells of the human breast have become
oestrogen sensitive as the breast has developed a new role
as sex attractant.*

S. Ohno[9]

Alle Sexualorgane, die uns Menschen ins Auge fallen, sind sekundäre Geschlechtsorgane. Sie sind Hilfsorgane, die die Verbreitung der Geschlechtszellen ermöglichen oder sonstwie mit der Fortpflanzung zu tun haben. Hierzu zählt der den Männern so wichtige Penis, aber auch die akzessorischen Geschlechtsdrüsen wie Prostata, Samenbläschen und Samenkanälchen. Im weiteren Sinne gehören auch der geschlechtsspezifische Haarwuchs, der Bau des Skeletts und die Anordnung des Fett- und Muskelgewebes zu den sekundären Sexualmerkmalen. Bei der Frau sind es die Vulva, die Brust (=Milch)-drüsen und die Form des Beckens. Bei Frauen ist, ganz abgesehen von ihrer unverzichtbaren Rolle bei der Kinderaufzucht, die Brustdrüse auch ein wichtiges Attraktans für den männlichen Teil der Bevölkerung. Das hat mit Sicherheit auch historische Gründe, weil eine große weibliche Brust für unsere männlichen Vorfahren ein Signal dafür gewesen sein muss, dass diese spezielle Frau mit großer Wahrscheinlichkeit schon Kinder geboren hat, ein Bewerber also davon ausgehen konnte, dass sie von ihm schwanger werden und seine Gene weiterverbreiten kann. Natürlich denkt der Mann in dem Augenblick, in dem er eine passende und für ihn attraktive Partnerin mit prächtigen Brüsten sieht und begehrt, nicht an solche Sachen. Er ist einfach von diesem Anblick fasziniert. Über den populationsstrategischen Hintergrund macht er sich garantiert keine Gedanken.

Als die Buren Südafrika besiedelten und vor den Engländern nach Norden und Osten flohen, mussten sie um das Überleben ihres Stammes und ihrer Sippen kämpfen. Ihren 30.000 Kämpfern standen am Ende etwa zehnmal mehr Briten gegenüber. In dem jahrzehntelang als Guerillakrieg geführten Konflikt zogen die Buren mit dem Großen Treck viele Jahre lang durch das südliche Afrika. Niemand von ihnen wusste, wie lange dieser Krieg dauern würde. Nachwuchs, vor allem männlicher, war dringendst erwünscht. Eine Frau ohne große Brüste war da nicht sehr gefragt. Die Buren waren vielleicht so cool, das bewusst ins Kalkül zu ziehen und zu schlussfolgern, dass zwei mächtige Brüste notfalls auch zwei kräftige Knaben ernähren konnten. Die älteren Buren werden den jungen Spunten, die sich in ein gertenschlankes, knabenhaftes Mädchen verliebt haben, schon die Leviten gelesen haben, dass das keine Frau für eine große Kinderzahl sein kann. Dass es sich dabei auch um ein ungeprüftes Vorurteil handeln kann, sei hier angemerkt. Wir wissen heute, dass die Größe der weiblichen Brust nicht direkt mit der Produktion von Muttermilch korreliert. Aber weil offensichtlich in eine Kanne mehr Milch passt, als in eine Tasse, ist der vordergründige Schluss auf die weibliche Brust nicht weit.

---

[9] Ohno, S., The Development of Sexual Reproduction. In: Reproduction in Mammals, book 6, The Evolution of Reproduction, Edited by Austin, CR and Short RV, Cambridge University Press 1973

Im Laufe der Evolution hat sich aus dem Zurschaustellen der weiblichen Brust eine ganz eigene Dynamik entwickelt. Große Brüste waren bald nicht mehr ein Privileg der reifen Frauen, die schon ein Kind geboren hatten, sondern entwickelten sich später auch bei jungen Nullipara, also Frauen, die noch nicht geboren hatten oder noch nicht schwanger gewesen waren. Dadurch konnten und können die Nullipara bei ihrer diskreten Werbung um die Männer durchaus mit ihren Geschlechtsgenossinnen konkurrieren, die ihre Fruchtbarkeit bereits unter Beweis gestellt haben. Auch gegenwärtig ist die weibliche Brust bei jungen Frauen ein wichtiges Signal in Richtung Attraktion für das männliche Geschlecht. Die Männer von heute haben diesen Trick der Evolution entweder noch nicht voll durchschaut, oder können ihn wegen der auf ihrer Nase sitzenden Androgenbrille nicht wahrnehmen. Müssen sie auch nicht, weil die Kohabitation, der Beischlaf also, in der modernen Gesellschaft zu einem reinen Spiel geworden ist, das nur noch lose mit der Fortpflanzung zusammenhängt. Aber der Werbeeffekt hält unvermindert an. Andere Primaten halten sich noch an die konservative Methode, bei der junge, geschlechtsreife Weibchen noch keine ausgeprägten Brüste oder Milchdrüsen haben.

***

Die Keimbahn

... es ist aber noch sehr wenig darüber bekannt, wie ein Embryo diese logistische Meisterleistung vollbringt.

Forschungsbericht 2006 Max-Planck-Institut für Entwicklungsbiologie

Ich denke, es ist ganz deutlich zu erkennen, dass die menschliche Zygote Schritt für Schritt vorgeht. Sie übereilt nichts, denn gut Ding will gute Weil haben. Erst einmal sieht sie einfach zu, dass sie mehr an Masse zulegt. Nach dem Zusammenlegen der beiden hälftigen Bibliotheken in einer Haupt- oder Kernbibliothek ist es für sie ein Leichtes, mit Hilfe kleiner Zusatzapparate Teile daraus zu kopieren und zu duplizieren. Diese Duplikate werden dann von neuen Gehäusen und Membranen umschlossen und ähneln dann bald aufs Haar der Elternzelle, der sie entstammen. So geht das weiter, bis ein kleines Klümpchen entstanden ist. Doch schon bald wird es den inneren Zellen in dem Klümpchen zu eng. Sie fordern ebenfalls einen Platz an der Sonne, will heißen, an der Außenseite. Das wird ihnen auch großzügig gewährt und so haben wir es bald mit einem wunderhübschen kleinen Kügelchen zu tun, das innen hohl ist. Aber dies hat nun seinen Preis, denn einige wenige Seiten ihrer Bibliothek sind von nun an nicht mehr lesbar obwohl die Seiten selber noch da sind. Sie lassen sich einfach nicht mehr öffnen, weiß der Geier warum das nun plötzlich nicht mehr geht. Trotzdem, es geht weiter in der Entwicklung. Diese Seiten werden im Moment auch gar nicht benötigt. Sie verlieren irgendwann total ihre Fähigkeit, sich in eine andere Zellform zu verwandeln. So geht es nun immer weiter und aus der Nullserie ist nun schon die x-te Serie geworden. Doch jede, oder fast jede, Serie büßt ein paar Seiten, Kapitel oder Absätze ein. Natürlich wieder nur ihre Lesbarkeit. Die Seiten an sich sind ja noch da. Sie werden auch nie verloren gehen.

Doch listig, wie unsere kleinen Einzeller sind, haben sie von Anfang an dafür gesorgt, dass einige wenige Zellen unser ganzes menschliches Leben lang unverändert ihre volle genetische Potenz behalten. Biologen nennen das die Keimbahn. Die Zellen der Keimbahn sind die Platzhalter für die Bildung neuer Sexualzellen in der aktuellen und in der nächsten Generation. Sie machen im heranwachsenden Embryo eine abenteuerliche Reise durch und bleiben schließlich in der Nähe der späteren Wirbelsäule, in der sogenannten „Genitalleiste", endgültig liegen. Ein guter Platz, wie ich meine, um später neue Geschlechtszellen hervorzubringen. Sie behalten einen recht unspezialisierten Typ bei, bei dem alle Innformationen voll ablesbar sein müssen. Aus ihnen kann sich im Laufe der Individualentwicklung jeder andere Zelltyp entwickeln, vor allem aber erst einmal die Sexualzellen. Schon im Bläschenstadium des Embryos werden einige Zellen beiseite gelegt, die später einmal Geschlechtszellen werden sollen. Man nennt sie Urgeschlechtszellen. Anfangs sind es nur 2 oder wenig mehr Zellen, die ein besonderes Schicksal erwartet. Ihre Entwicklung erfolgt vollständig abgekoppelt von der der anderen, der sogenannten somatischen Zellen. Sie bleiben in einem embryonalen Zustand. Ihr Eigenleben geht sogar so weit, dass sie anfangen im

Körper herumzuwandern. Um sich besser durch die anderen Zellen durchmanövrieren zu können, bilden sie sogar Scheinfüßchen aus, mit denen sie sich durch andere Gewebe klettern können. Wohin wollen sie denn? Irgendwo im kleinen Körper des Embryos gibt es Zellen, die Lockstoffe aussenden und genau in deren Richtung marschieren unsere Urgeschlechtszellen. Notfalls gehen sie auch mit Gewalt gegen ihre Nichtgeschlechtszellen vor. Die können sie einfach auflösen, wenn sie im Wege stehen und zu große Probleme machen. Mit dem Fortschreiten der Entwicklung des Embryos werden es immer mehr Urgeschlechtszellen, bis sie sich zu einem Klümpchen vereinigen und in der Keimleiste zu liegen kommen. Dort wartet schon das Geschlechtsorgan auf sie, in dem sie es sich dann gemütlich machen können. Einige wenige mögen vielleicht den richtigen Weg nicht gefunden haben und werden zugrunde gehen. Am Ende der Odyssee besteht dann das Geschlechtsorgan aus zwei Zelltypen, den somatischen Zellen und den Urgeschlechtszellen. Beide Typen sind so verschieden voneinander wie Tag und Nacht. Die somatischen Zellen beginnen nun bald, sich in Organe und Gewebe zu differenzieren. Aber auch die Urgeschlechtszellen bleiben nicht einfach faul liegen sondern entwickeln sich über viele komplizierte Teilungen hinweg zu Spermien oder Eizellen. Wenn nach vielen Jahren der Mensch oder das Säugetier, also die asexuelle Generation zur Kohabitation oder Kopulation schreitet, sind sie dazu ausersehen, sich mit dem anderen Geschlecht zu vereinigen und eine Zygote zu bilden. Und jetzt kommt das Wichtigste: Wenn die Zygote anfängt sich zu entwickeln, werden wieder einige wenige Urgeschlechtszellen gebildet, die die volle Ablesbarkeit der Erbinformation behalten und aus denen jede andere Zellart entstehen kann. Zu ihnen gehören auch die sogenannten embryonalen Stammzellen, über die in neuerer Zeit so viel diskutiert wird. Und wozu brauchen wir, wenn wir groß und stark geworden sind, diese Stammzellen noch, wenn doch jede Zelle unseres Körpers ihre spezielle Aufgabe zu erfüllen hat und gerade aus ihrer unumkehrbaren Spezialisierung ihre Daseinsberechtigung bezieht? Die Antwort ist dies: Schon sehr frühzeitig sorgt der neue Organismus dafür, dass alle Informationen der Bibliothek an die nächste Generation weitergegeben und auch gelesen werden können. Die Stammzellen finden sich nicht nur in den Embryonen, sondern auch in den Geschlechtsorganen der erwachsenen Menschen wieder und können zu Geschlechtszellen werden, also zu Eizellen und Spermien. Kein anderer Zelltyp kann das. Man kann sich das so vorstellen, dass diese zu allem fähigen Zellen von Anfang an zur Seite gelegt werden, damit sie nach einem komplizierten Teilungsprozess wieder zu dem werden, was ihre beiden Elternteile einmal waren: Geschlechtszellen. Unsere kleinen neuen Wesen, noch weit davon entfernt, wie ein menschliches Wesen auszusehen, legen es schon sehr frühzeitig darauf an, den Fortbestand ihrer Sippe zu sichern. Die Zellen der Keimbahn haben aber noch die uns schon bekannte Doppelbibliothek, mit anderen Worten, einen doppelten Chromosomensatz. Sie ruhen artig in dem heimeligen, warmen Geschlechtsorgan ihrer vielzelligen nichtsexuellen Generation (das können z. B. auch wir Menschen sein) bis sie den Befehl erhalten weiter zu wachsen und sich zu teilen. Im männlichen Geschlecht sitzen sie dicht gedrängt zu Abermillionen in dem Labyrinth der Samenkanälchen. Im weiblichen Geschlecht geht es bei Weitem nicht so gedrängt zu. Sie befinden sich in sorgsam abgegrenzten, geräumigen Bläschen des Eierstocks, den Follikeln. Um ein kompetenter Sexualpartner für eine Geschlechtszelle des anderen

Geschlechts zu werden, müssen beide, die weiblichen wie die männlichen Einzeller, ihre Doppelbibliothek auf die Hälfte reduzieren und wohl oder übel die andere Hälfte an ihre Brüder oder Schwestern abgeben. Die Wissenschaft nennt dies deshalb auch Reduktionsteilung.

Ein Problem gilt es noch zu klären: Die Getrenntgeschlechtlichkeit der Geschlechtszellen.

Können wir eine Form als Generation anerkennen, die aus zwei unterschiedlichen Individuen, nämlich „Männchen" und „Weibchen" besteht?

Gehen wir noch einmal zurück zu den Einzellern. Als vor rund 3,7 Milliarden Jahren die ersten zellulären Lebensformen den Unbilden der prähistorischen Ursuppe zu trotzen hatten, war die Gefahr ihrer Auslöschung durch wechselnde Umweltbedingungen sehr groß. Schon sehr früh bildete sich, natürlich per Zufall, die Vorform der Getrenntgeschlechtlichkeit heraus. Innerhalb einer einzigen Bakterienart gab es Individuen mit unterschiedlichen Genen. Die Unterschiede konnten natürlich nur von spontanen Mutationen herrühren, denn Bakterien vermehren sich durch Teilung in zwei identische Nachkommen. Die ersten intensiven Kontakte dieser Zellen untereinander mögen mit Kannibalismus begründet gewesen sein. Es stellte sich aber später heraus, dass man sich auch friedlich einigen kann. Bei diesem Kontakt kam es wahrscheinlich irgendwann dazu, dass statt den Gegner auszurauben oder gar zu fressen, nur Teile des genetischen Materials übernommen und in aller Freundschaft ausgetauscht wurden. Anfangs mag es ein reiner Reparaturmechanismus gewesen sein. Defekte Gene in dem einen Individuum konnten gegen ein intaktes des anderen ausgetauscht werden. Dazu musste nur noch der Zeitpunkt abgepasst werden, in dem die DNA des freundlich gesinnten Partners sich entspiralisiert hat. Denn nur dann kann die Information eines Gens abgelesen und in das eigene Genom hineinkopiert werden. Nach den Bakterien und Blaualgen haben die Urtierchen diesen Mechanismus dann weiter perfektioniert. Bei Mehrzellern konnte das so in dieser einfachen Form nicht mehr funktionieren. Der Bedarf an Reparaturen und Informationsaustausch war bei ihnen auch weitaus größer als bei den Einzellern. Zu ihrem Glück hatten sie durch ihre Vielzelligkeit die Möglichkeit, bestimmte Aufgaben an bestimmte Zellen zu delegieren. So blieb vermutlich der Informationsaustausch eine Sache von Spezialisten. Diese Spezialisten mussten ihre neuen Eigenschaften aber an die Nachkommen des Vielzellers weitergeben können. Mit dem Austausch einzelner Gene oder von Chromosomenbruchstücken war da nichts mehr zu erreichen. Es musste das gesamte Genom übertragen werden können. Der Austausch ganzer Chromosomen kann nur funktionieren, wenn sie doppelt vorhanden sind, denn eine Hälfte des Doppelsatzes möchte der Spender ja gern selber behalten. Also musste ein doppelter Chromosomensatz her. Das haben die Mehrzeller begriffen, denn sie sind in der Regel diploid. Jetzt musste nur noch ein Mechanismus erfunden werden, der die beiden gleichartigen (homologen) Chromosomen auseinanderzieht und eine Querwand zwischen ihnen errichtet. Dies ist ihnen tatsächlich mit der Erfindung des Spindelapparates gelungen. Der zieht die beiden getrennten Chromosomensätze zu den beiden Zellpolen, wo sie sich wieder zu einem Zellkern formieren können. Wenn jetzt noch eine Querwand eingezogen wird, sind aus einer diploiden zwei neue haploiden Zellen entstanden. Im Prinzip also Sexzellen. Ganz so einfach ist die

Geschichte zwar nicht, denn es sind noch weitere Teilungen und Veränderungen nötig, aber uns soll das hier an dieser Stelle an Information reichen.

In unserer Argumentation vom Generationswechsel des Menschen fehlt noch ein ganz wichtiger Punkt, und das ist dieser: Ein Generationswechsel mit dem obligatorischen Phasenwechsel findet auch beim Menschen sowohl während der Spermatogenese zwischen dem diploiden Vielzeller und den haploiden Geschlechtszellen, als auch danach bei der Befruchtung zwischen den haploiden Geschlechtszellen und der diploiden Zygote statt. Erst durch diesen doppelten Phasen- und Generationswechsel wird der Zyklus rund, denn ein einmaliger Generationswechsel würde uns in die Sackgasse führen.

***

Wanderer in unserem Körper

Ich habe behauptet, dass wir vielzelligen Menschen durch unsere Geschlechtszellen, die ich als die eigentliche sexuelle Form des Menschen und sogar als seine eigentliche menschliche Daseinsform ansehe, zu gewissen Handlungen und Entwicklungen veranlasst, um nicht zu sagen, gezwungen werden.

Gehen wir das Problem mal rückwärts an: Damit unsere kleinen Lieblinge überhaupt entstehen können, brauchen sie Fabriken, die das erledigen. Diese Fabriken sind der Hoden auf der männlichen und der Eierstock auf der weiblichen Seite. Aber dies sind keine einfachen Hohlkörper. Sie enthalten komplizierte Strukturen wie Samenkanälchen einerseits und Follikel auf der anderen. Dies sind jedoch noch nicht die Sexzellen. In diese Organe und Zellverbände müssen die Urgeschlechtszellen, aus denen später die Geschlechtszellen hervorgehen werden, erst noch einwandern. Sie tun das wie kleine Parasiten und nehmen den ihnen zugedachten Platz erst nach und nach ein.

Da sich nun aus ihnen die Geschlechtszellen, also die Eizelle und das Spermium entwickeln, sind dann nicht vielleicht diese Urgeschlechtszellen die wahre Zustandsform der Wirbeltiere und damit auch des Menschen? Sie sind viel autarker als die spezialisierten Geschlechtszellen und benutzen den Körper der Vielzeller so, als wäre er ihr alleiniger Besitz. Schon in der dritten Schwangerschaftswoche sind sie im Dottersack des Embryos als abgegrenzte Einheit zu finden. In der sechsten Woche haben sie ihren Bestimmungsort, die Gonadenanlage erreicht. Bis dahin sind sie immer noch diploid und bleiben es bei der Frau noch bis kurz vor der Ovulation. Somit können einige von ihnen im Einzelfall bis zu etwa 50 Jahre alt werden, bevor sie zur eigentlichen Geschlechtszelle, der Eizelle, werden, denn alle Eizellen einer Frau werden schon vor ihrer Geburt angelegt. Später kommen dann, anders als beim Mann, keine neuen mehr hinzu.

Im männlichen Geschlecht geht es von der Pubertät an wesentlich dramatischer zu. Etwa alle 10 Wochen wird ein kompletter Satz von hunderten von Millionen Spermien gebildet und durch Ejakulation abgegeben. Der wahnsinnige Überschuss dieser Produktion, der durch Ejakulation nicht zielführend abgegeben werden kann, wird vom Körper abgebaut und resorbiert.

Das Lebensalter der männlichen Geschlechtszellen als haploide Einzeller ist relativ gering. Während das erreichbare Alter der Vielzeller meist in Jahren gezählt werden kann, sind es bei ihnen nur Wochen. Doch als anfangs unsichtbarer Teil einer diploiden Zygote können sie nach der Befruchtung als Urgeschlechtszellen weiterleben.

Wir haben oben gesehen, dass sich die Urgeschlechtszellen ziemlich rigoros durch den Körper eines Embryos bewegen können und dabei auf nichts und niemand Rücksicht nehmen. Sie sind so autonom, wie die amöboiden Zellen in einem Schwamm. In einigen Ausnahmefällen hat man sie sogar schon im Blut zirkulieren gesehen. Dann kann es sogar sein, dass sie bei zweieiigen Zwillingen nicht nur in dem Fetus gefunden werden können, in dem sie entstanden sind, sondern auch in dem anderen. Ob sie da wohl ihre schwangere Mutter mal kurz besucht haben und dann versehentlich nicht wieder zurück in die richtige Hausnummer gefunden haben? Wenn das geschehen sollte, dann ist es möglich, dass dieser Zwilling die Geschlechtszellen seines Bruders oder seiner Schwester in sich trägt und seine späteren Nachkommen gar nicht seine Nachkommen sind, sondern die seines/ihres Co-Zwillings.

Es kommt allerdings auch vor, dass sie sich total verlaufen und nirgends ihr Ziel in der Gonadenanlage erreichen. Dann werden sie als Sondermüll vom Körper aufgenommen und beseitigt. Ich habe schon kurz angedeutet, dass sich bestimmte Zellen in unserem Körper so verhalten, als seien sie Teil einer Kolonie. Die Urgeschlechtszellen setzen dem noch einmal die Krone auf. Nach dem oben gesagten könnte man die Auffassung vertreten, dass unsere eigentliche Daseinsform nicht der diploide vielzellige Mensch und auch nicht die einzellige haploide Geschlechtszelle ist, sondern die diploide Urgeschlechtszelle. In dieser Frage arbeitet uns die traditionelle Biologie ungewollt in die Hände. Sie trennt die Urgeschlechtszellen kategorisch von den somatischen Zellen (=Körperzellen) ab, weil sie als Keimbahn frühzeitig ihr Eigenleben haben. Somit bestehen der Mensch und alle Wirbeltiere aus zwei biologisch sehr unterschiedlichen, diploiden Klassen von Zellen. Die Sonderstellung der relativ geringen Zahl der Urgeschlechtszellen besteht darin, dass sie die somatischen Zellen kolonisieren. Sie erobern sich an vorprogrammierter Stelle, angelockt durch Lockstoffe, einen Platz in der Keimdrüsenanlage und bilden dort, also in dem somatischen Teil des Organismus, eine selbständige Kolonie.

Doch letztlich gehen sie, wie auch die somatischen Zellen, aus der Zygote, der befruchteten Eizelle, hervor und können deshalb nicht als eigene Generation betrachtet werden, weil in Ihrem Lebenslauf kein Kernphasenwechsel stattfindet. Es bleibt also bei unserer Auffassung, dass die durch Phasenwechsel gebildeten Sexzellen die zweite (oder vielleicht doch die erste?) Generation der Wirbeltiere und damit auch des Menschen sind.

***

Hardware und Software

Human life! It doesn't get any better than this. Magically, a couple of cells get together and just know exactly what to do to create life.

www.recomparison.com

Wer hat den Geschlechtsorganen befohlen, dass sie entstehen sollen und wie sie funktionieren sollen? Die erste Antwort darauf muss heißen, wie Sie wissen: Die Hormone und Wachstumsfaktoren, die bereits im Embryo oder Fetus anfangen zu funktionieren. Da diese Organe aber nicht selbständig in der Welt herumeiern können, brauchen sie eine widerstandsfähige Hülle, also das, was wir nach seiner Geburt von einem Menschen als äußere Erscheinung zu sehen bekommen. Diese Erscheinung funktioniert aber nur dann zuverlässig, und darauf legen unsere kleinen Einzeller großen Wert, wenn sie ernährt werden und sich verteidigen kann. Dazu verhilft ihr eine breite Palette von inneren Organen wie Leber, Darm und Nieren und stützende Strukturen wie Muskeln, Knochen, Haare und Nägel. Alles, was uns als Individuum ausmacht, dient nur diesen rücksichtslosen kleinen Einzellern in uns. In ihrer Bibliothek gibt es Anweisungen für alle möglichen und unmöglichen Fälle. Ihr Inhalt ist so komplett und umfangreich, dass es an ein Wunder grenzt wie das alles so wie am Schnürchen zeitlich und räumlich präzise abläuft. Da gibt es kein Vertun was als nächstes dran ist. Das Inhaltsverzeichnis hat für alles ein Spezialkapitel. Das funktioniert so, dass das gerade aus den zwei Sexzellen neu entstandene Doppelwesen, das nun auch die komplette Doppelbibliothek enthält, Kopien anfertigt und sie den neu geschaffenen Strukturen, Organen und Geweben mit auf den Weg gibt. Allerdings können beim Kopieren des Originals bestimmte Informationen verloren gehen. Eigentlich gehen sie nicht wirklich verloren, sie sind noch da, aber sie funktionieren einfach nicht mehr. Die neue Struktur leidet aber keineswegs darunter, denn sie braucht diese Information aus der Bibliothek überhaupt nicht. Sie merkt gar nicht, dass da was fehlt. Was sollte auch eine Zelle in der Netzhaut des Auges mit einer Information anfangen, die das Herstellen von Magensäure beschreibt? Also Deckel zu und Schloss vorgehängt! Und so geht es vielen Zellen und Strukturen des Organismus. Das meiste aus den Informationen der Bibliothek ihrer Urkeimzelle können sie glatt vergessen. Dafür sind sie auf ihrem Spezialgebiet unschlagbar, wenn auch ihre Flexibilität sehr eingeschränkt ist. Es kann nicht mehr jede Zelle alles, was in der Bibliothek steht und was die Urzelle noch konnte, die aber als solche auch nicht mehr existiert, weil sie durch Teilung und Teilung und Teilung in ihren Nachfahren aufgegangen ist. Erhält beispielsweise das Auge, in dem die Netzhaut liegt, einen Schlag, dann können die Sehzellen nur mit einer Lichtempfindung reagieren und nicht mit Schmerz. Man sieht Sterne, die eigentlich überhaupt nicht da sind. Mehr können die Sehzellen nicht leisten. Tut natürlich weh, so ein Schlag aufs Auge. Aber es sind nicht die Sehzellen, die den Schmerz an das Gehirn weiterleiten, sondern die Nervenenden, die an oder zwischen den anderen Zellen des Auges liegen.

***

Das XY-Puzzle

Das ewige Weibliche zieht uns hinan.
Goethe, Faust II

Die Millionen von Spermien, die bei einer Ejakulation ausgestoßen werden, sind genetisch vollkommen miteinander identisch mit der einzigen Ausnahme, dass jede zweite männliche Geschlechtszelle statt zwei X-Chromosomen ein X- und ein Y-Chromosom hat. Das ist, obwohl wir es vielleicht so empfinden werden, kein fundamentaler Unterschied. Die fundamentale Form der Wirbeltiere ist das Weibliche. Nur durch den Einfluss von Androgenen entsteht aus der weiblichen Grundform das männliche Individuum. Dabei spielt es zu Beginn erst einmal keine Rolle, ob es sich um einen XX- oder um einen XY-Typ handelt. Mit anderen Worten: die primär gegebene Weiblichkeit eines Fetus wird durch Androgene unterdrückt und es entsteht ein phenotypisches Männchen oder Mann. Fehlen die Androgene, wird ein phenotypisches Weibchen daraus. Die Androgene wirken sich nicht nur auf das Äußere aus, sondern auch auf das Verhalten. Ein XX-Fetus, der genetisch ein Weibchen ist, kann sich durch den Einfluss von Androgenen, z.B. durch Androgengaben phänotypisch als Männchen entwickeln und sich auch so verhalten. Auch die Umkehrung dieser Erscheinung ist zu beobachten.

Die Androgenproduktion kann bei den verschiedenen Arten mit dem Y- oder mit dem X-Chromosom gekoppelt sein, letzteres ist bei den Vögeln und Schmetterlingen der Fall. Beim Menschen ist es das Y-Chromosom und auf ihm induziert nur ein einziges Gen die Produktion von Androgenen. Fehlt dieses Gen oder ist es inaktiv, wird aus dem genetisch männlichen XY-Fetus ein Wesen mit vollkommen weiblichem Äußeren. Durch den Wegfall der Androgene dominiert wieder das Ursprüngliche, das Weibliche und die weibliche Grundform kann sich dann ausbilden. Die Hoden sind zwar vorhanden, produzieren aber kein Testosteron. Ohne Testosteron kann auch kein Testosteron-Rezeptor synthetisiert werden, so dass selbst Androgengaben nutzlos sein werden. Wir können also schlussfolgern, dass die Verschiedenartigkeit von Männern und Frauen nur auf der Aktivität eines einzigen Gens beruht und dass beide Geschlechter beide Anlagen in sich tragen. Es ist deshalb absolut gerechtfertigt, einen Menschen nicht einem „Sex" zuzuordnen, sondern einem „Gender". Der Gender ist die soziale oder psychologische Stellung in der Gesellschaft, die der oder die Betroffene ihrem Selbstverständnis nach einnimmt. Sowohl biologisch als auch psychosozial gesehen ist eine scharfe Trennung von Mann und Frau, wie wir sie heute praktizieren, nicht gerechtfertigt.

Schlagen wir den Bogen noch einmal zurück zu den Geschlechtszellen, dann haben wir zum Beispiel beim Menschen vier phänologisch unterschiedliche Formen einer einzigen Art: Die vielzellige XX-Form, die vielzellige XY-Form, die einzellige XX- Form und die einzellige XY-Form. Ihre genetischen Unterschiede sind so minimal, dass wir alle vier als innerartliche Varietäten betrachten können.

Bei den Geschlechtszellen ist eine X-Zelle die Kopie der nächsten X-Zelle genauso wie eine Y-Zelle die Kopie der nächsten Y-Zelle ist. Dadurch wird sichergestellt, dass die asexuelle mehrzellige Generation in zwei geringfügig unterschiedlichen Formen, Männchen und Weibchen, ausgebildet wird. Was aus der Eizelle wird, ein männliches oder weibliches Wesen, entscheidet der Zufall. Die Eizelle selber kann nichts zu der Auswahl beitragen. Sie hat immer nur ein X-Chromosom. Dringt ein Spermium mit einem X-Chromosom in sie ein, wird ein genetisch weibliches Wesen entstehen. Wenn ein Spermium mit einem Y-Chromosom es schafft, ein männliches. Für das Überleben in der befruchteten Eizelle ist es völlig belanglos, welches individuelle Spermium das Rennen gewinnt.

Dieser Massenaufwand an Spermien wird nur betrieben um sicher zu gehen, dass eine der vielen Geschlechtszellen es schafft in das Ei einzudringen. Die überflüssigen Kopien werden für das Überleben des Eies nicht mehr benötigt, es sei denn, dass es sich um Mehrlingsschwangerschaften handelt. Dann bekommt natürlich jede Eizelle ein Spermium ab. Und wenn das Schicksal es gut mit der künftigen Mutter meint, dann schenkt es ihr eine ausgewogene Mischung der beiden Geschlechter.

***

Das genetische Alphabet

Der genetische Code ist zwar in einer stereochemischen
Sprache abgefasst und jeder Buchstabe besteht aus einer
Sequenz aus drei Nukleotiden ...
J. Monod[10]

Von nun an geben wir den zugegebenermaßen etwas simplistischen Begriff von der Bibliothek teilweise und vorübergehend auf, weil sich das, was ich im Folgenden zu sagen habe, damit nur unzureichend erklären lässt. Die Hilfskonstruktion „Bibliothek" ist aber nicht wirklich inkorrekt, denn auch die allerseriösesten Wissenschaftler bedienen sich dieses allegorischen Bildes. Sie haben festgestellt, dass es tatsächlich vier Grundstrukturen in dem, was wir Bibliothek genannt haben, gibt und haben sie mit den Buchstaben A,C,G und T benannt. Was wir Absätze, Kapitel und Seiten genannt haben, nennt die seriöse Wissenschaft Loci, Allele, Gene und Chromosomen. Aber eines haben beide gemeinsam: Die Buchstaben.

Die Bibliothek in unserem Sinne besteht also aus Kernmaterial mit den darin liegenden Chromosomen, die wiederum aus Genen und die wiederum aus Allelen und die wiederum aus Codons und die wiederum aus DNS (**D**esoxyribo**n**ukleins**ä**ure), englisch auch DNA (**d**esoxy ribo**n**ucleic **a**cid) genannt.

Die Reihenfolge der Buchstaben A, C, G und T auf den Chromosomen bestimmt, welche Aminosäure von den Ribosomen, den Druckmaschinen der Zelle, synthetisiert werden soll. Rein rechnerisch beträgt ihre Höchstzahl 4!, lies: <u>4</u> *Fakultät*. Das Ergebnis ist 256. Das ist mehr, als die Anzahl der in einem Menschen vorkommenden Aminosäuren, nämlich 20. Von diesen 20 Aminosäuren kann der Mensch nur 10 selber synthetisieren, die anderen muss er mit der Nahrung aufnehmen. Warum muss es denn nun 4! sein, wenn es doch gar nicht so viele Aminosäuren gibt? Einfach darum, weil 3! zu knapp bemessen wäre, denn 3! ergibt nur 27. Andere Organismen, z. B. die Pilze haben Aminosäuren, die bei den Wirbeltieren unbekannt sind. Eine Größere Sicherheitsmarge ist also durchaus sinnvoll, wenn nicht sogar nötig.

Solche Kodierungen können sich in Form der sogenannten Codons beliebig oft und in beliebiger Kombination wiederholen. Zum Beispiel AAA oder CGT (damit ist nicht die französische Gewerkschaft CGT gemeint). Diese Dreierkombination ist das Codon, das für jeweils eine Aminosäure die Anweisung für seine Synthese codiert. Am Ende wird durch die Aneinanderkettung der ganzen Aminosäuren immer ein Protein oder Peptid gebildet, die Eiweißkörper mit den unterschiedlichsten Aufgaben und Funktionen darstellen. Wir wollen das hier gar nicht so genau auseinanderklamüsern.

Zusammengehalten wird das Ganze durch eine sogenannte Matrix, die die DNA-Stränge miteinander verklebt. Natürlich können die DNA-Stränge trotz Kleber nicht einfach so in der Zelle herumschlottern. Sie liegen dort sicher verpackt und <u>zufrieden in einer Flüssigkeit.</u> Drum herum um dieses Gewusel aus Strängen und

[10] Monod, Jaques; Zufall und Notwendigkeit. Philosophische Fragen der modernen Biologie. R. Piper & Co. Verlag, München

Kleber, Kopiermaschinen und Zusatzgeräten für die Zellteilung schließt sich dann noch eine Membran, die aber Löcher hat. Das alles zusammen macht den Zellkern aus. Die Löcher in der Kernmembran müssen sein, weil innerhalb der Membran sehr oft das pralle Leben tobt und einige Beteiligte die Gelegenheit zur Flucht haben müssen. Dafür flutschen andere dann zum Ausgleich wieder hinein. Es herrscht reger Verkehr. Man kann es auch Import/Export GmbH nennen. Importiert werden vor allem Rohstoffe oder Halbfertigprodukte die der Zellkern für seinen eigenen Erhalt und seine Vermehrung braucht. Im Exportgeschäft ist er aber ein veritabler Profi. Die Hardware in seiner Bibliothek erlaubt es ihm, mit Hilfe seiner Software Informationen in lesbarer Form zu produzieren und herauszuschleusen. Dadurch manipuliert die GmbH die gesamte Zelle, in der sie sich befindet. Die muss tun, was ihr an Informationen übermittelt wird. Da gibt es kein Pardon.

Auch die Zelle außerhalb des Kerns ist vollgestopft mit einer ganzen Maschinerie aus Kopierern, Druckern, Lesegeräten, Energieerzeugern, Boten für Nachrichten, Bücherwagen, und Abfallkörben. Im modernen Sprachgebrauch heißen sie Transskriptase, DNA-Polymerase, mRNA, tRNA, Ribosom, Lysosom, Mitochondrium und weitere.

Über die Mitochondrien lohnt es sich einmal genauer nachzudenken. Mitochondrien fungieren als „Energiekraftwerke", indem sie die von der Zelle benötigte Energie liefern. Diese Energie wird nicht in Form von Strom, Öl oder Erdgas erzeugt, sondern als eine energiereiche chemische Verbindung, das Adenosintriphosphat (ATP).

Mitochondrien führen in der Zelle, und zwar in jeder Zelle eines beliebigen Vielzellers, ein elitäres Eigenleben. Als wüssten sie um ihre Bedeutung für die Lebensfähigkeit der Zelle, vermehren sie sich eigenständig. Sie gehen durch Teilung auseinander hervor. In ihrem eigenen Interesse stellen sie sich gnädigerweise auf den Bedarf der Zelle an Energie ein. So enthalten z.B. Muskelzellen viel mehr Mitochondrien, als Hautzellen. Teilt die Zelle sich, werden sie von der Mutterzelle gleichmäßig auf die Tochterzellen verteilt.

Mitochondrien sind so selbständig, dass sie sich innerhalb der Zelle wie eigene Individuen verhalten. Da sie sich selber und unabhängig von der genetischen Information der übrigen Zelle vermehren, müssen sie auch genetisches Material enthalten, das ihnen das ermöglicht.

Heute herrscht die wissenschaftliche Auffassung vor, dass Mitochondrien in einem frühen Stadium der Evolution als winzige Bakterien in die Zellen der Vielzeller eingedrungen sind. Vermutlich handelte es sich um eine sogenannte endosymbiontische Aufnahme dieser Bakterien. Da sie wahre Kraftwerke sind, hat sich die Kombination von Zelle und Bakterium derartig bewährt, dass sie heute überall anzutreffen ist. Zwar enthalten sie wegen ihrer Abstammung auch ein Quäntchen DNA, ohne das sie ihre lobenswerten Funktionen nicht vollbringen könnten, allein jedoch, außerhalb einer lebenden Zelle, sind die Mitochondrien wegen ihrer hohen Spezialisierung nicht überlebensfähig.

Was sich für unsere Betrachtung als ungemein bedeutsam herausstellt ist die Tatsache, dass auch wir Menschen von diesen symbiotischen

Bakterienabkömmlingen bewohnt werden. Ohne sie würden wir sofort zusammenbrechen. Wie eine Stadt im Winter ohne Feuerholz, Kohle, Gas, Öl, und Strom. Sehen wir uns dazu noch einige andere Systeme in unserem Körper an, zum Beispiel die vielen verschiedenen Zelltypen in unserem Blut, dann kann man den Eindruck gewinnen, dass selbst wir Menschen und natürlich auch alle anderen Vielzeller, ein sehr gut ausgewogenes Konglomerat von verschiedenen Zellen sind, die alle nur ihre eigenen Bedürfnisse befriedigen und sich an den anderen Zellen schadlos halten. Sie geben und nehmen, ohne zu wissen was an einer weit entfernten Stelle im Körper gebraucht wird oder geschehen muss. Dazu sind sie als Einzeller nicht in der Lage. Zwar reagieren sie in sinnvoller Weise auf bestimmte Signalstoffe, die andere Zellen aussenden, aber sie reagieren stur nach dem ihnen vorgegebenen Muster darauf. Glücklicherweise sind aber ihre Bedürfnisse zugleich auch die Bedürfnisse des gesamten Organismus. Ein wahres Wunder, dass das alles (fast) immer so gut funktioniert.

Ich möchte die Vielzeller deshalb als multisymbiotische lebende Systeme bezeichnen.

Doch in seltenen Fällen gibt es auch krasse Fehlleistungen. Bleiben wir beim Blut, wo die Verhältnisse einigermaßen übersichtlich und gut erforscht sind. Beim gesunden Menschen ist die Anzahl der weißen Blutkörperchen in einem bestimmten Rahmen festgelegt. Bei einigen Menschen ist ihre Zahl aber drastisch erhöht, was zum Krankheitsbild der lebensbedrohlichen Leukämie führt. Dies ist nur ein Beispiel dafür, dass einer unserer Mitspieler auch mal seine Grenzen überschreiten und allzu eigenmächtig agieren kann, ohne auf die Funktion des Gesamtorganismus Rücksicht zu nehmen. Als weiteres Beispiel seien die Krebszellen genannt, die ebenso rigoros die ihnen normalerweise gesetzten Grenzen überschreiten und sich weitestgehend unabhängig vermehren. Sie reagieren einfach nicht mehr auf die rote Ampel, die ihnen von den anderen Zellen ihrer Umgebung oder von den im Körper zirkulierenden Botenstoffen gezeigt wird.

Wie diese Maschinerie der Zelle aus Ribosomen, Lysosomen, Mitochondrien und den vielen anderen Zellorganellen funktioniert, soll uns hier nicht interessieren. Nur so viel: Sie werden alle unbedingt gebraucht, nicht nur für die Bewältigung der täglichen Aufgaben einer Zelle, sondern auch für ihre Vermehrung. In letzterem Falle kommen noch weitere Organellen hinzu. Dies berührt auch die Frage wer hier den Sex hat und wer wir eigentlich sind.

Wir haben oben gesehen, wie Adam sich mit aller ihm zur Verfügung stehenden Energie in Eva hineinbohrt und festgestellt, dass das der eigentliche Sex ist, den unsere Spezies in Form zweier einzelliger humaner Individuen hat. Wir stellen auch fest, dass die Eizelle Eva und das Spermium Adam nach ihrer Vereinigung zur Zygote alles besitzen, was uns Menschen ausmacht: die Fähigkeit sich immer wieder zu verdoppeln, Gewebe und Organe zu bilden. In jeder Zelle des fertigen oder noch unfertigen Menschen liegt der gleiche Schatz an Informationen verborgen. Also ist jede Zelle einer beliebigen anderen als gleichwertig anzusehen. Dabei ist es unerheblich, ob und welche Informationen aufgrund der speziellen Lebensgeschichte der Zelle unter normalen Verhältnissen nicht mehr abgelesen werden können. Wenn die verschlossenen Seiten aufgeschlossen werden könnten, und das werden sie eines Tages, tritt in jeder unserer Zellen unser ganzes Selbst in seiner allerursprünglichsten Form wieder zutage.

***

Mutationen

Nach heutiger Kenntnis verändert sich das Erbgut jedoch rein zufällig, etwa durch Mutation, also der Veränderung der Erbinformation selbst, sowie durch Rekombination, der individuellen Zusammenstellung der Geninformationen (z. B. bei der sexuellen Vermehrung) und durch Gendrift.
Zitat aus Wikipedia zum Stichwort
Selektion (Evolution)

Außer dem planmäßigen Ablesen der Informationen aus der Bibliothek können durch äußere Einflüsse einzelne Buchstaben ausgetauscht und dann in bestimmten Fällen zu Verwechslungen und zu Veränderungen in der ursprünglich vorhandenen Information führen, die schwerwiegende Folgen für die Überlebensfähigkeit jedes betroffenen Individuums haben können, aber nicht haben müssen. Dabei spricht man, Sie ahnen es, von Mutationen. Sie können spontan auftreten oder durch starke UV-Strahlung, Radioaktivität oder chemische Substanzen, sogenannte Mutagene, verursacht werden. Die meisten dieser Veränderungen werden vom Organismus erkannt und entweder repariert oder der Körper trennt sich von den veränderten Teilen, zum Beispiel von veränderten Hautzellen nach einem Sonnenbrand. In Einzelfällen können die Zellen aber auch entarten, was zur Entstehung von Krebs, Karzinomen, führen kann. Diese Veränderungen oder Mutationen in den Körperzellen (den sogenannten somatischen Zellen) werden nicht vererbt. Die gut geschützten Geschlechtszellen (generativen Zellen) bleiben davon in aller Regel unberührt, die Nachkommen dieser Individuen werden also normale Artgenossen werden. Treten die Veränderungen jedoch in den Geschlechtszellen auf, wie das bei der Exposition mit radioaktiver Strahlung oder chemischen Substanzen der Fall sein kann, können sie vererbt werden und bei einer künftigen Generation entweder keine, negative oder positive Veränderungen auslösen. Die allermeisten sind negativ und führen über kurz oder lang zum Aussterben dieser Lebenslinie, weil sie der Konkurrenz mit den übrigen Angehörigen der eigenen Art oder dem Druck anderer Arten nicht standhalten können. Positive Wirkungen von Mutationen stärken dagegen die Konkurrenzfähigkeit dieser Linie. Sie können zum Zurückdrängen oder sogar zum Aussterben der nicht mutierten Reste der Ausgangspopulation führen. Mutationen sind aber nicht der Normalfall und sollen deshalb hier, weil sie spontan und typischerweise nur bei jeder sechsmillionsten Generation auftreten, keine weitere Berücksichtigung finden. Aber es gibt Unterschiede von Art zu Art. Die Tau- oder Fruchtfliege (Drosophila spec.) ist sehr mutationsfreudig.

Hier soll es ausschließlich um die Darlegung meiner festen Überzeugung gehen, dass, von Ausnahmen abgesehen, alle Vielzeller einen mit einem Phasenwechsel verbundenen Generationswechsel durchmachen in dem es eine sexuelle und eine nichtsexuelle Generation gibt, der auch beim Menschen keine Ausnahme macht. Heute hat sich die generelle Ansicht durchgesetzt, dass wir Menschen im katalogischen Sinne in das Reich der Tiere einzuordnen sind. Wir haben eine so enge genetische Verwandtschaft zu anderen Primaten, die seit jeher in das Reich der Tiere gestellt wurden, dass die alte scharfe Abtrennung von ihnen nicht mehr gerechtfertigt erscheint.

***

DNA versus Protein

„ Wir möchten hiermit eine Struktur für das Salz der
Desoxyribonucleinsäure (DNS) vorschlagen. Diese Struktur
besitzt neuartige Eigenschaften, die von beträchtlichem
biologischem Interesse sind. "
James D. Watson[11]

Im Streit um die Entdeckung des genetischen Codes gab es längere Zeit mindestens zwei konträre Auffassungen. Die eine ist die, die heute als akzeptiert gilt: Die DNA ist der Träger der Erbinformation. Das haben James D. Watson und Francis H. C. Crick im Jahre 1953 herausgefunden. Aber ihr schärfster Kontrahent um das Rennen zur Entdeckung des genetischen Codes, Linus Pauling, war der Auffassung, dass die Erbinformationen in besonders gefalteten Proteinen verborgen liegen. Leider hat Pauling diesen Wettstreit verloren und das Watson-Crick-Modell mit der DNA konnte durch Röntgenkristallographie bestätigt werden.

Aber war Linus Pauling denn ein Dummkopf? Schließlich war er der berühmteste Biochemiker seiner Zeit, was man von Crick und erst recht nicht von Watson behaupten kann. Crick war eher ein stiller Brüter und genialer Experimentator, Watson war dagegen ein völlig unbedeutender junger aber ehrgeiziger und scharfsinniger Biologe mit einem sympathischen Nagetiergesicht. Als US-Stipendiat kam er über Kopenhagen nach Cambridge in das Vereinigte Königreich. Je länger er mit Crick zusammenarbeitete, desto enthusiastischer wurde sein Forscherdrang und er hatte echte Lust daran, Pauling und dessen Proteintheorie in die Pfanne zu hauen. Vorher hatte er sich mehr für Vögel als für die Biochemie interessiert. Ohne seinen Kollegen und Freund Francis Crick würde er wahrscheinlich sein Leben lang Vogeleier gezählt oder Aluringe um die Füße von Möwen, Enten oder Gänsen geklipst haben.

War es denn so abwegig, die Proteine als Träger der Erbinformation anzusehen? Nein. Mit Sicherheit nicht. Proteine sind so vielgestaltig, dass sie als Vorlage für Abermillionen von unterschiedlichen Kopien von den verschiedensten Molekülen dienen könnten. Tatsächlich funktioniert der umgekehrte Weg in der Wissenschaft bereits: Aus der Struktur eines Proteins kann man heute auf die DNA-Sequenz schließen, die für seine Produktion verantwortlich war. Und da viele chemische und biochemische Reaktionen nicht nur eine Hin-Reaktion haben sondern auch eine Rückreaktion, ist es zumindest theoretisch vorstellbar, dass aus Protein-Vorlagen Nukleinsäuren und DNA gebildet werden können. 1954 erhielt Pauling den Nobelpreis für Chemie. Verliehen wurde ihm dieser Preis allerdings nicht für die Entdeckung (oder Nichtentdeckung) des genetischen Codes, sondern für seine herausragenden Leistungen bei den Untersuchungen zur Struktur von Biomolekülen. Pauling entwickelte als Ergebnis seiner Forschungen mit Röntgenstrahlung die Theorie vom schraubenförmigen Aufbau der seiner Meinung nach genetisch wichtigen Eiweißmoleküle. Damit schuf er die gedankliche

[11] J. D. Watson: Die Doppel-Helix. Rowohlt Verlag GmbH, Reinbek bei Hamburg, 1969

Grundlage für die Aufklärung der Struktur der DNA. Er hielt schraubenförmig konfigurierte Eiweißmoleküle für mögliche Träger von Erbinformationen. Den letzten Beweis konnte er jedoch hierfür nicht erbringen, denn Pauling war mehr Denker als Experimentator. Die real existierende, von Watson und Crick entdeckte schraubenförmige DNA war der Sieger im Rennen um die Entschlüsselung des genetischen Codes. Der hierfür überfällige Nobelpreis ging folglich an Watson und Crick. Statt zu grübeln und sich in theoretischen Überlegungen zu verlieren, gingen die beiden recht handwerklich zur Sache. Wie Pauling, so hatten auch sie in ihrem Labor das bekannte Kalottenmodell zur Darstellung von chemischen Verbindungen im Großmaßstab. Nachdem sie die Schraubenstruktur der DNA mit Hilfe der Röntgenkristallographie sicher bestätigen konnten, drehten und schraubten die beiden so lange an dem Modell herum, bis sich die einzig logische Konstellation einer Matrix für die Proteinsynthese ergab.

Lange Zeit gab der Erreger der BSE der Rinder der Forschung ein Rätsel auf. Irgendwie erinnert mich der Forscherstreit um die richtige Theorie für die Entstehung dieser Krankheit an die Entdeckung des genetischen Codes, nur das es hier tatsächlich anders herum lief. Ein heute nicht mehr akzeptiertes Modell machte Spuren von DNA in den erkrankten Nervenzellen für die Auslösung der Krankheit verantwortlich. Diese DNA konnte nach Prof. Dr. Heino Diringer, ehemaliger Leiter des Fachgebiets "Unkonventionelle Erreger" am Robert-Koch-Institut Berlin die Informationen für die Synthese der krankmachenden BSE-Proteine enthalten[12]. Diringer hat diesen Forscherstreit dann letztlich doch verloren, obwohl vieles dafür sprach.

Überraschenderweise aber stellte es sich als beweisbar heraus, dass die Information zur Produktion der krankmachenden Proteine von anderen Proteinen stammte, also nicht von irgendeiner DNA. Allerdings handelte es sich nicht um eine komplette Neusynthese wie bei der DNA-These angenommen, sondern lediglich um eine Konformationsänderung, die von einem Protein auf das andere übertragen wurde. Der Amerikaner Stanley B. Prusiner[13] klärte die Situation, indem er nachwies, dass der Erreger der BSE ein Protein ist, das andere Proteine zur Konformationsänderung zwingt, die dann zusammenklumpen und im Gehirn große Löcher hinterlassen. Für diese Entdeckung erhielt er 1997 den Nobelpreis für Medizin.

Alles, was ich damit sagen möchte ist, dass die Evolution auf der Erde nicht zwangsläufig den Weg nehmen musste, den wir heute als akzeptiert und folgerichtig betrachten. Neben der DNA können auch Proteine Informationsträger sein. Das lässt sich aus den Untersuchungen von Prusiner ableiten.

***

---

[12] H. Diringer: Transmissible Spongiform Encephalopathies (TSE) Virus Induced Amyloidoses of the Central Nervous System (CNS), European Journal of Epidemiology. **Springer** Verlag 1991, **Vol. 7, No. 5,** S.562

[13] http://nobelprize.org/nobel_prizes/medicine/laureates/1997/

Leben oder Nichtleben

*Die biologische Evolution hat zwar im Lauf der Zeit immer
höher entwickelte Lebensformen hervorgebracht; dennoch
ist es abwegig, daraus zu schließen, sie steuere auf ein
höheres Ziel zu.*

Aus: Spektrum der Wissenschaft, 07/2009

Wir sollten uns abgewöhnen, hinter allem einen Sinn zu sehen. Was in der belebten Welt passiert, macht weder Sinn noch macht es keinen Sinn. Niemand außer uns Menschen schert sich um den Sinn einer Sache. Wir kommen noch darauf zurück. Erst einmal zurück zu den Chromosomen und den Genen. Bei der sexuellen Verschmelzung von Adam und Eva verschmelzen nicht einfach zwei Zellen miteinander. Auch ihre Chromosomen legen sich zu einem neuen Doppelsatz an Informationen zusammen, nachdem sie wie die Enden eines Taues aufgedröselt und sich in neuer Kombination mit denen des anderen Geschlechts wieder zusammengelegt haben. Es geht sogar so weit, dass sich Teile von Evas und Adams Chromosomen überkreuzen und sich an der Stelle der Überkreuzung in neuer Kombination wieder voneinander trennen. Bereits im Moment der Trennung sind neue Chromosomen mit neuen Kombinationen von Informationen entstanden. Hat das nicht auch etwas mit Sex zu tun? Sind dann die kleinst-denkbaren menschlichen sexuellen Einheiten nicht die Geschlechtszellen wie wir weiter oben immer wieder behauptet haben, sondern deren Chromosomen? In seinem Werk „The Selfish Gene[14]" vertritt Richard Dawkins die Auffassung, dass dem so sei, denn die Gene „denken" nur an ihre eigene Vermehrung. Sie kommandieren durch An- und Abschaltung ihrer Aktivität alles, was sie für ihre Weiterexistenz benötigen. Auch das was wir tun und lassen sollen. Dawkins Erkenntnisse passen in unsere hier beschriebene Auffassung, dass nicht der Mensch evolutioniert, sondern seine Gene bzw. seine Geschlechtszellen. Die Geschlechtszellen evolutionieren natürlich mit Hilfe der Gene. Dawkins gibt damit den Genen die oberste Priorität. Was bei Dawkins überhaupt nicht in unsere These hineinpasst ist, dass es sich bei den Genen nicht um Lebewesen, sondern um eine besondere und besonders komplizierte chemische Verbindung handelt, die DNA. Sie kann sich zwar mit Hilfe von besonderen Mechanismen selbst reproduzieren, kann aber als solche außerhalb der Zelle nicht lange existieren und vor allen Dingen kein Leben hervorbringen. Da sie nicht belebt ist, kann sie ohne den Schutz einer Zelle auch nicht evolutionieren. Im rauen Klima der Umwelt würden die schutzlosen Gene und Chromosomen sehr bald zerstört werden. Sie haben keine Möglichkeit, sich dagegen zu wehren.

Ganz anders verhält es sich mit den Geschlechtszellen. Die Geschlechtszellen der meisten Organismen, die im Wasser leben, haben einen Stoffwechsel, der ihnen ein Überleben wenigstens für einige Zeit ermöglicht, manchmal sogar recht lange, und sie können sich auf ein Ziel zubewegen. Sie können chemische und physikalische Signale unterschiedlicher Art wahrnehmen und darauf positiv oder negativ reagieren. Sie leben. Die Geschlechtszellen höherer Organismen mit innerer Befruchtung brauchen sich nicht mit den Unbilden der Natur

---

[14] Dawkins, Richard (1976). *The Selfish Gene.* New York City: Oxford University Press.

herumzuschlagen, sie werden wohlbehütet nur an das Innere eines Elternorganismus abgegeben. Das mindert die Gefahr des Zugrundegehens durch physikalische und chemische Einflüsse beträchtlich, denn im Inneren dieser Geschlechtsorgane herrscht genau das optimale Klima, die optimale Temperatur und die chemische Umgebung, die sie zur Erhaltung ihres Lebens und zur Bewahrung ihrer eigentlichen Funktion, des Sex, brauchen.

Die DNA ist nur innerhalb einer Zelle mit Macht ausgestattet. Die unter dem Kommando der DNA produzierten Eiweißkörper führen innerhalb der Zelle (manchmal auch außerhalb) ihr Eigenleben und haben sich fürs Erste von den Chromosomen und somit vom Zellkern emanzipiert. Sie tummeln sich außerhalb des Kerns herum und verursachen oft ein Feuerwerk von Reaktionen, von denen der Kern als Informant und Lieferant von Herstellungsanweisungen relativ unbeeindruckt bleibt. Ohne die angenehme schützende Hülle, in der die Chromosomen und Gene wohnen, könnten die ihr Werk wohl nicht vollbringen. Und so haben sie es von Anbeginn ihrer Existenz geschafft, sich dieses gemütliche Zuhause selber herzustellen. Die Werkzeuge dazu besitzen sie und sie beherrschen sie meisterlich. Da gibt es nicht nur die Anweisungen zur Verdoppelung der Bibliothek, sie geben sogar Informationen heraus, in deren Folge sich Strukturen herausbilden, die diese neuen Elemente, also Chromosomen, an ihren neuen Platz befördern, denn ohne eine Neupositionierung der neu arrangierten Chromosomen und ihre Verkapselung in einer neuen Kernmembran kann eine Zellteilung und damit eine Vermehrung der Zellen nicht funktionieren.

Auch hier wollen wir nicht tiefer in die Zellbiologie eindringen.

Die Frage die mich in diesem Zusammenhang persönlich brennend interessiert ist: Warum das ganze Theater?

Hätte nicht die DNA damit zufrieden sein können, dass sie im warmen Ozean herumschwimmen kann?

Nun, das konnte sie eben nicht! De facto ist der warme Ozean eine mörderische Suppe. Da draußen in der feindlichen Welt gibt es Aggressionen noch und nöcher. UV-Strahlung, Hitze, Kälte, Radioaktivität und ganz besonders Enzyme, die nichts schöner finden, als das Werk, das die Jahrmillionen an chemischem Fortschritt gerade vollendet haben, zu zerstören, sie buchstäblich zu zersägen und grausam zu zerstückeln. Auch andere Gefahren lauern noch auf die arme ungeschützte DNA: Schwermetalle und komplexe Makromoleküle, die sie an sich binden oder grauslich verbiegen. Dadurch geraten sie in ein Gefängnis, aus dem es in aller Regel kein Entkommen mehr gibt, oder sie hauchen bald als Krüppel ihr Leben aus, oder besser gesagt ihre Existenz, denn leben tun sie nicht. Leben ist definiert als eine von ihrer Umwelt abgegrenzte biologische Einheit, die einen (Energie-) Stoffwechsel hat und sich selbständig vermehren kann. Da war es nur konsequent, dass sie sich schützend zu Chromosomen zusammentat und sich eine Hülle zulegte, in der sie alles bestens kontrollieren kann. Von da an hatte die DNA in den Zellen ihr Zuhause. Das alles klingt so furchtbar folgerichtig, aber bei der Entstehung des Lebens auf der Erde haben ausschließlich Zufälle eine Rolle gespielt, die mit einer gewissen minimalen Wahrscheinlichkeit vor ca. 3,7 Milliarden Jahren dann endlich doch eingetreten sind. Bis zur Entstehung dessen, was wir heute als Leben bezeichnen, hat es vom Beginn der Existenz unseres

Planeten an gerechnet runde zehn Milliarden Jahre gedauert. Ebenso gut hätte es noch weitere zehn Milliarden Jahre dauern können, bevor das erste lebende Wesen triumphierend auf seine unbelebten Vorgänger herabblicken konnte.

Zwar diktieren die Gene den Zellen ihren Willen, aber einen Hang zum Individualismus, wie ihn die Zellen haben, besitzen die Chromosomen nicht. Sie sind sogar beliebig austauschbar, können mit geeigneten Techniken in die DNA einer beliebigen anderen Zelle „transplantiert" werden. Aber ohne eine schützende Zelle sind sie verloren. Sie können allein nicht lange in der Außenwelt existieren. Sie brauchen als Abgrenzung gegenüber der Außenwelt eine schützende Hülle wie sie ihnen nur die lebende Zelle gewährt.

Wie wir bereits oben gesehen haben, sind die Zellen wahre Trutzburgen von Leben, die viele Gefahren abwehren können. Das gelingt auch schon den Einzellern. Bei den Mehrzellern sind einige Zellen sogar für besondere Aufgaben befähigt, wie z. B. Nahrung zu beschaffen, während ihre Freunde und Nachbarn diese Nahrung liebend gerne annehmen und verdauen. Damit sie nun nicht von der ganzen Völlerei platzen, geben sie die Produkte ihrer Verdauung an Dabawallas, also Botengänger ab, von denen einige die Nahrung selber, andere die Produkte der Verdauung übernehmen und abtransportieren. Die Staatsquallen und Schwämme haben uns das ja schon vorgemacht. Aber auch wir hochentwickelten menschlichen Wesen unterliegen in Form unserer Einzelzellen dieser Ordnung. Denken wir nur an die vielen verschiedenen Zellen, die in unserem Blut herumschwimmen. Sie erfüllen völlig selbständig ihre vielen Aufgaben, teilen sich, vermehren sich und sterben, wenn ihre Zeit gekommen ist. Sie können sogar die Blutgefäße verlassen und durch den ganzen Körper wandern. Warum tun sie das? Ich denke, sie haben ihr eigenes, genetisch fixiertes „Profil" das ihnen diese Handlungsweise vorschreibt. Damit unterscheiden sie sich nicht prinzipiell von freilebenden Einzellern. Auch die Blutzellen verfolgen nur ihr eigenes Ziel, wenn auch zum Nutzen des Körpers, in dem sie wohnen. Als Gegenleistung gewährt der übrige Körper ihnen Schutz und ernährt sie. Wobei der übrige Körper wieder aus vielen, vielen Zellsystemen besteht, die jedes auf ihre genetisch festgelegte Weise dem Gesamtorganismus nützen. Wenn wir von den Staatsquallen und Schwämmen von Zellkolonien sprechen, dann sind auch die höheren Wirbeltiere als Individuum Zellkolonien, in der jede Zellart ihre Rolle hat. Allerdings auf sehr hohem Niveau. Das geht sogar so weit, dass keine der in dem Organismus lebenden Zellpopulation fehlen darf, wenn das Überleben des Gesamtorganismus (der Zellkolonie) nicht letal gefährdet werden soll. Dass auch wir hochentwickelten Menschen nichts weiter sind als Zellkolonien zeigt sich in der Tatsache, dass einzelne Zellen herausgetrennt und außerhalb des menschlichen Körpers überleben können, wenn man für ihre optimale Ernährung sorgt und für sie die physikalischen und chemischen Voraussetzungen, die sie zum Überleben brauchen, schafft. Sie können sogar jahrzehntelang in künstlichen Medien gehalten werden, wofür sich Krebszellen, zum Beispiel die in der Forschung vielfach verwendete Zelllinie HeLa aus dem Gebärmutterhalskarzinom einer amerikanischen Frau (**He**nrietta **La**cks) besonders eignen. Aber auch Nierenzellen und Hautzellen lassen sich kultivieren und vermehren.

Um die vielen Zellsysteme so zu koordinieren, dass alle Beteiligten zu ihrem Recht kommen, hat die Evolution einige besondere Zelltypen geschaffen, die das erledigen: Die Nervenzellen, die hormonproduzierenden Zellen und die Immunzellen. Sie sind für die Fernkommunikation zuständig. Auch sie versehen ihren Dienst nur gegen Dienstleistungen, die sie brauchen: Naturalien in Form von Nährstoffen und optimalen Umgebungsbedingungen. Umsonst ist nichts in dieser Welt, auch nicht im Körper der Vielzeller. Nicht alle Zellen sind auf das alles angewiesen. Manche verständigen sich auf dem kurzen Wege durch spezielle Nachrichten auch direkt von Zelle zu Zelle. Genau so oder ähnlich wie es die primitivsten Zellkolonien tun.

***

Die Evolution der Sexzellen

... we have justification for the claim that gametes offer special advantages in the study of evolution
C. R. Austin

Wir haben Grund zu der Annahme, dass man die Evolution der Vielzeller nicht als einen Prozess betrachten kann, der sich auf der Ebene der asexuellen vielzelligen Generation abspielt, sondern auf der Ebene der sexuellen Generation, also der Geschlechtszellen. Sie „wollen" überleben und in diesem Überlebenskampf bringen sie immer wieder neue vielzellige Formen hervor, in denen sie überleben können. Die vielzelligen asexuellen Formen können selber nicht evolutionieren, ihr Bau und ihre Funktion sind in den Geschlechtszellen festgelegt. Selbst wenn diese Individuen möglicherweise durch Umwelteinflüsse Veränderungen unterliegen, ist dies für die nachfolgende Generation unerheblich und folgenlos, solange nicht die Sexzellen mitbetroffen sind. Blattfresser mit langem Hals wie die Giraffe oder die Giraffengazelle (Gerenuk) können die Kronenregion eines Baumes eher erreichen als ein kurzhalsiges Tier der gleichen Art. Dies kann von so großem Vorteil sein, dass es bald nach dem Erscheinen der ersten Langhälser bei dieser Art keine Kurzhälser mehr gibt. Die Langhalsigkeit geht natürlich auf eine Veränderung im Erbgut oder auf epigenetische Prozesse in der sexuellen Giraffengeneration zurück. Die Giraffe selber kann sich genetisch nicht verändern. Selbst wenn sie einer radioaktiven Strahlung oder starkem UV-licht, beides sogenannte mutagene Faktoren, ausgesetzt wird und sich das gentische Material der Zellen im Blut oder in Hormondrüsen verändert, bleibt das Tier prinzipiell immer noch das gleiche. Nur wenn seine Geschlechtszellen betroffen sind, entstehen Nachkommen mit neuen Eigenschaften. Aber das ist dann schon die nächste asexuelle Generation.

Genetische Veränderungen müssen sich nicht notwendigerweise in einem anderen Bau oder einem anderen Aussehen zeigen. Ein unter der Erde lebendes Tier, das verwinkelte Röhren bauen kann, in denen es (fast) immer seinen Feinden entkommen kann, hat einen Vorteil vor den Tieren der gleichen Art, die einfachere Röhren bauen. Sie können große Populationen aufbauen und ihre weniger cleveren Artgenossen in den Ruin treiben. Das zeigt uns, dass nicht nur äußerlich sichtbare anatomische oder physiologische Veränderungen Zeichen der Evolution sind, sondern dass auch Verhaltensänderungen, die uns oft verborgen bleiben, einen hohen evolutionären Vorteil zur Folge haben können.

Das alles geschieht nicht nach dem Willen der vielzelligen Form dieser Arten, sondern es ist eine für uns sichtbar werdende Folge des Informationsgehalts der Bibliotheken der beiden beteiligten Geschlechtszellen und eine Folge der sexuellen Verschmelzung der beiden, bei der noch einmal die Weichen dafür gestellt werden, welche Eigenschaften dominant oder verdeckt an die asexuelle Generation weitergegeben werden, und ob und welche Informationen des männlichen oder des weiblichen Partners abgelesen werden können. Aber im Grunde brauchen sie uns nur, um sich unserer als „Kampfwerkzeuge",

Schutzhüllen und Vektoren für ihre eigene Fortpflanzung und Verbreitung zu benutzen. Die eigentliche Spezies ist die Geschlechtszelle, die im Überlebenskampf immer neue vielzellige Formen hervorbringt, hervorbringen muss.

In der rauen Realität der Außenwelt haben nur die wenigsten Geschlechtszellen eine längere Überlebenschance. Bei sehr einfachen Formen wie Quallen und Schwämmen ist das vielleicht so. Auch bei einigen Pflanzen können zumindest die männlichen Geschlechtszellen, die Pollenkörnchen, längere oder sehr lange Zeit in der Umwelt überleben.

Doch mit der immer weitergehenden Ausprägung neuer vielzelliger Formen werden die betreffenden Arten auch immer empfindlicher gegen Vernichtung. Sie müssen immer neuere Nischen finden, die ihnen ein ganz spezielles Leben und die Erfüllung ihrer Hauptaufgabe ermöglichen: Die Produktion von Geschlechtszellen. Nur dazu wurden diese oft abenteuerlich anmutenden Kreaturen in die Außenwelt entlassen, in der die Geschlechtszellen selber nicht überleben können. Ihre nichtsexuelle Generation kann Eiseskälte genauso wie Wüstenhitze ertragen, wenn auch mit Hilfe spezieller Anpassungsmechanismen. Sie kommen in der dunklen Tiefsee zurecht genauso wie im flachen Korallenmeer. Sie wissen nicht, dass sie den kostbarsten Schatz in sich tragen, den die Evolution hervorgebracht hat: Die sexuelle Generation ihrer eigenen Art.

Die Evolution hat mit der Erfindung der asexuellen Formen dafür gesorgt, dass diese sexuelle Generation nicht so leicht auszulöschen ist. Jede dieser Geschlechtszellen gibt es in einem einzigen vielzelligen Organismus in zig-, hundert-, tausend- oder millionenfacher Ausfertigung. Bei den männlichen sind es meist Millionen, bei den weiblichen oft -zig oder Tausende, manchmal aber ebenfalls Millionen. Nur ein einziges Paar dieser Einzeller genügt im Prinzip, um eine neue asexuelle Generation aufzubauen, die dann wieder eine neue sexuelle Generation mit potentiell Hunderttausenden oder Millionen von Nachkommen hervorbringt. Und selbst wenn dieses eine Paar zugrunde geht, gibt es noch genügend andere vielzellige Cousins und Cousinen, Tanten und Onkel, die der gleichen Art angehören und für ihren Fortbestand sorgen können. Das ist das ganze Geheimnis ihrer Riesenzahl, mit der sie in die Welt treten. Und auch der scheinbare Misserfolg der Millionen von Mitbewerbern um die Vereinigung mit einer Eizelle ist wohlkalkuliert. Der Weg der Eizelle eines Säugetieres ist vorgegeben. Er führt durch den Eileiter direkt in den Uterus, wo sie nach der Vereinigung mit einem Spermium ihr Leben als asexuelles Wesen beginnen soll. Eile ist für die männlichen Geschlechtszellen, die Spermien, angebracht, damit sie es noch rechtzeitig schaffen sich in sie hineinzubohren, denn nur so wird ein Verlust der wertvollen Eizelle wirksam verhindert. Kommt es nicht zu der sexuellen Vereinigung von Eizelle und Spermium, ist das Schicksal beider Kandidaten besiegelt. Sie werden nach außen in die Welt entlassen, in der sie ohne den Schutz ihrer vielzelligen Generation nicht überleben können. Warum sich nun Zigmillionen von Spermien auf eine einzige Eizelle stürzen müssen, ist unter diesem Aspekt ebenfalls verständlich. Alles muss schnell gehen und möglichst hundertprozentig funktionieren. Welches von den bei der Ejakulation ausgestoßenen Spermien das Rennen macht, ist von vornherein nicht ausgemacht. Wir hängen gern der Vorstellung nach, dass es der schnellste und stärkste schaffen wird, aber das ist eben nicht der Regelfall. Es gibt unter Zigmillionen Spermien sicher Millionen andere, die gleich schnell und stark wie oder stärker sind als das erfolgreiche. Der reine Zufall bringt es an die Spitze der Truppe, die ihrerseits in ihrer Masse nur dazu dient einen, irgendeinen ihrer Genossen nach ganz vorn zu bringen. Am Ende sind sie dann doch nur eine Hilfstruppe und Teil einer auf Chaos beruhenden Logistik. Und wenn es das Schicksal will, ist es nicht gerade der makelloseste und stärkste, sondern der, den es vielleicht zum Teil passiv an die Spitze des Millionenheeres geschwemmt hat. Von einem Willen zum Siegen, wie ich das weiter oben zur Illustration dargestellt habe, kann da keine Rede sein. Diese kleinen Wesen fristen ihr Leben auf niedrigstem Niveau. Sie sind nichts als Animalität und Mechanität. Sie haben keinen Willen und kein Ziel. Alles was sie treibt ist ihr unerhörter Sex, den sie nur befriedigen können, wenn sie sich mit einer Eizelle vereinigen. Dabei unterliegen sie allein dem Diktat der Gene, deren codierte Anweisungen sie unbedingt folgen müssen. Da gibt es kein Entrinnen. Sie sind Gefangene ihrer Gene. Doch sie wären nichts ohne die asexuelle Generation aus der sie hervorgingen und die aus ihnen hervorgehen wird. Nur indem sie einen vielzelligen Aufbau von zum Teil unglaublichen Ausmaßen kommandieren, können sie überleben. Zwar sind die Gene die Befehlsstruktur dieser umtriebigen Miniorganismen, aber die Gene sind von der Existenz eines lebenden Organismus abhängig. Gene sind selber nicht belebt, sie können sich nicht ohne eine schützenden Hülle und all die anderen kleinen Hilfseinrichtungen, wie sie ein Spermium besitzt, fortpflanzen. Gene können so „selfish" sein wie sie wollen, aber sie sind nicht belebt und können darum auch keinen Anspruch auf ein Primat über das Leben erheben. Man kann sie durch recht einfache Labormethoden isolieren, in Bruchstücke spalten und wieder zusammensetzen. Sie sind dann immer noch das, was sie vorher waren: eine chemisch definierte Substanz. Mit den Geschlechtszellen kann man nicht in der gleichen Weise verfahren, ohne sie unwiederbringlich zu zerstören. Die DNA und die Gene sind lediglich eine unverzichtbare Hilfsstruktur, ohne die es kein Leben in der uns heute bekannten Form geben würde.

Was ist nun das Fazit der Betrachtung zumindest der Wirbeltiere unseres Planeten, dass auch sie einen Generationswechsel durchmachen?

Das Fazit ist, dass die Grundform aller Wirbeltiere ausschließlich in Form von zwei Geschlechtszellen vorliegt, die genetisch kompatibel und in vielen, wenn nicht sogar in den meisten, Fällen sogar genetisch identisch sind. Da sie zumindest bei höheren Tieren in der real existierenden Umwelt nicht lange genug überleben können um ihre genetisch vorgegebene Funktion zu erfüllen, schaffen sie sich mit Hilfe ihres in der Erbsubstanz liegenden Informationsgehalts eine schützende asexuelle Zwischenform. Diese asexuelle Zwischenform ist die für uns Menschen augenfällige biologische Struktur der jeweiligen Art. Diese Struktur nimmt zum Teil riesige Ausmaße an und ist nur dazu notwendig, um zu einem bestimmten Zeitpunkt erneut eine sexuelle Generation hervorzubringen.

Wenn die Fähigkeiten unserer menschlichen asexuellen Generation auf dem gentechnologischen Gebiet weiter fortschreiten wird es zukünftig möglich sein, eine Art, sei es Pflanze, Tier oder Pilz, allein anhand der genetischen Information ihrer sexuellen Generation zu identifizieren und zu charakterisieren. Dabei wird es möglicherweise unvorhergesehene Überraschungen geben. Unterschiedliche

Populationen, die uns heute dazu veranlassen sie als unterschiedliche Arten aufzufassen, können sich später einmal als Teil einer größeren Gesamtpopulation ein und derselben Art erweisen, obwohl beträchtliche morphologische Unterschiede innerhalb dieser „Gesamtpopulation" bestehen. Als Modell mögen hier bestimmte Ameisen oder Termitenarten dienen, die genetisch gleich, aber epigenetisch unterschiedlich ausgeprägt sind. Einige sind winzig und dienen der Jungenaufzucht, andere Individuen der gleichen Art sind riesig und verteidigen den Staat gegen Eindringlinge. Wüssten wir nicht durch langwierige empirische Untersuchungen, dass sie zur gleichen Art gehören, würden wir sie vermutlich als unterschiedliche Arten klassifizieren. Ein Blick in das Erbgut würde uns jedoch sofort Klarheit verschaffen.

Die Frage, die bleibt, ist, wie hoch der Grad der genetischen Übereinstimmung sein muss, damit man von einer diskreten Art reden kann. Selbst bei uns Menschen gibt es genetische Unterschiede, die uns an unserer Einheitlichkeit zweifeln lassen. Chinesische Wissenschaftler haben in der Mitte des vorigen Jahrhunderts die These vertreten, dass die chinesischen Menschen nicht wie die Europäer zum Homo sapiens gehören, sondern Nachkommen des ausgestorbenen Homo erectus sind. Auch wenn diese These keinen Bestand hatte zeigt dies uns, wie unzuverlässig der Artbegriff in Einzelfällen sein kann.

Neunundneunzig Prozent unserer Gene haben wir mit dem Schimpansen gemeinsam. Jane Godall stellt die Frage, ob die Schimpansen und wir nicht zwei Ausprägungen der gleichen Art sind. Wenn das so ist, dann müssen wir einen neuen Blick auf unsere Brüder im afrikanischen Busch werfen. Würde hier nicht vielleicht auch ein vergleichender Blick in das Genom und die epigenetischen Mechanismen der sexuellen Generation unserer beiden Arten helfen?

All die Millionen von Tierarten, die heute bekannt sind, sind nur der Spiegel der Informationen, die in ihren Geschlechtszellen stecken.[15] Die Arten selber sind nach der hier aufgestellten These allesamt Einzeller. Sie sind es, die durch winzige Veränderungen ihres genetischen Materials evolutionieren, sich fortentwickeln, obwohl wir Menschen das mit unseren groben Instrumenten derzeit kaum wahrnehmen können und vielleicht auch nicht wollen. Kein Mensch sieht sich gern als Zwischenstufe, die nur Diener seiner Geschlechtszellen ist. Und doch sind sie allein die Herrscher über uns, weil sie uns hervorbringen. Wir müssen begreifen, dass nicht wir, nur weil uns daran gewöhnt haben, unsere Kohabitation „Sex" zu nennen, die geschlechtliche Generation sind und Geschlechtszellen hervorbringen. Vielmehr ist es so, dass sie uns hervorbringen, weil sie uns für ihre Vermehrung und ihre Verbreitung über den Erdball brauchen. Die ganze Evolution ist ein einziges Ringen von Geschlechtszellen, die um ihr Überleben und um die Vorherrschaft kämpfen. Dazu brauchen sie uns Vielzeller als Kampfmaschinen, die auch dort ihren Dienst tun können, wo sie selber versagen müssen. So haben sie, geschützt in den vielzelligen Organismen, indirekt auch massenhaft die

---

[15] Austin C R: Specialization of gametes, in: Reproduction in mammals, book 6, the evolution of reproduction. Cambridge university press 1976

Bereiche der Außenwelt erobert, in der nur sehr wenige sexuelle Formen als freie Wesen überleben könnten.

**

Alles nur Zufall

Wir möchten, dass wir notwendig sind, dass unsere Existenz
unvermeidbar und seit allen Zeiten beschlossen ist.
Jaques Monod[16]

Evolutionsbiologen haben immer wieder postuliert, dass die Evolution nach dem heutigen Menschen geradezu schrie. Diese Auffassung ist anthropozentrisch und teleologisch zugleich und deshalb meinerseits abzulehnen. Anthropozentrisch, weil der Mensch sich hiernach als Mittelpunkt der Evolution sieht und teleologisch, weil jede einzelne der im Laufe der Evolution aufgetretenen Veränderungen unserer Vorstufen die Entwicklung zum Menschen schon in grauer Vorzeit unabdingbar kanalisiert haben soll und nur ein Wesen wie der heutige Mensch die Krone der Schöpfung sein könne.

Eine zumindest anfangs DNA-freie Entwicklung von Leben ist vorstellbar. Und wenn sie vorstellbar ist, dann hatte sie auch eine Chance, Wirklichkeit zu werden. Aber es kam eben anders, wofür wir alle dankbar sein können.

Sie werden jetzt vielleicht annehmen, dass das oben gesagte nicht so recht in die Sache mit der Bibliothek und den Genen passt. Doch es gibt einen vitalen Grund dafür anzunehmen, dass die Entstehung von Leben auf der Erde von lauter Zufällen abhing. Aus Atomen wurden spontan und zufällig Moleküle, zufällig waren darunter organische Stoffverbindungen und zufällig waren unter den organischen Stoffverbindungen Zuckerverbindungen, Phosphate und organische Basen und zufällig verketteten sich diese zu Nukleotiden und diese dann zufällig zu Nukleinsäuren, die heute als Träger der genetischen Information gelten. Ein Zeitraum von mehreren Milliarden Jahren stand ihnen für die Kombination all der Zufälle zur Verfügung, die letztendlich zur Entstehung des Lebens führten. Milliarden von „erfolglosen" Ereignissen müssen vor der Entstehung des ersten Lebens stattgefunden haben, ehe die letztlich zu der ersten zur Zelle führenden Kombinationen von Nukleinsäuren und Proteinen gefunden wurden. Es müssen unterschiedliche Formen von Nukleinsäuren in der Ursuppe unseres Planeten herumgeschwommen sein, die irgendwann auf die Idee kamen, im Konzert miteinander als Vorlage für die gezielte Produktion von Proteinen zu dienen. Dies war, obwohl noch vor der Entstehung von Leben geschehen, einer der wichtigsten Meilensteine auf dem Weg ins Leben. Plötzlich konnten sich diese Nukleinsäuren mit Proteinen umgeben, deren Produktion sie selber eingeleitet hatten. Sie konnten sie schützend um sich herumlegen und nicht wie vorher einfach in das freie Wasser abgeben. Denn dann waren sie weg und wieder zurückholen konnten sie diese im weiten Meer gelösten Proteine dann nicht mehr. Stark vereinfacht, kann man sich heute so in etwa die Entstehung der ersten lebenden Zellen vorstellen.

---

[16] Monod, Jaques; Zufall und Notwendigkeit. Philosophische Fragen der modernen Biologie. R. Piper & Co. Verlag, München

Aber dies darf nicht als hundertprozentig notwendige und einzig mögliche Entwicklung betrachtet werden.

***

Diener der Einzeller

> *As hard as modern man strives to be free, he is a slave*
> *bound to the past*[17]
> S. Ohno

Zurück zu unserer jetzigen, real existierenden Erde. Bei der Betrachtung der verschiedensten Fortpflanzungsstrategien fällt eines ganz besonders ins Auge. Jede Art, die in das Tier- oder Pflanzenreich gehört, hat nur ein Ziel, die Produktion von Geschlechtszellen. All diese wunderbaren Formen, Farben und Verhaltensweisen dienen diesem einen Ziel. Es ist das, worum sich in ihrem Leben alles dreht. Sie verhalten sich so, als ob sie das wüssten, aber sie wissen es nicht. Die Evolution bringt Dinge und Mechanismen hervor, die uns oft abenteuerlich erscheinen und doch sind sie es nicht. Sie sind die Folge der in jedem Augenblick ihres Lebens wirkenden Selektion, die nichts anderes ist als der Kampf ums Überleben, „the survival of the fittest" um mit Darwin zu sprechen.

Trotzdem bleibt eine Frage unbeantwortet. Warum braucht jede Art zwei Generationen, um sich im Leben zu behaupten? Sogar diejenigen Arten, die zur Parthenogenese und zur Knospung fähig sind, also zu Strategien, die über mehrere Folgeindividuen ohne Phasenwechsel hinweg nur ein und dieselbe Generation haben, müssen hin und wieder eine sexuelle Generation einschalten.

Dies bestätigt unseren hier vertretenen Gedanken, dass die sexuelle Generation, also die Geschlechtszellen, die eigentliche Art repräsentieren, ohne die es einfach nicht geht. Eine Anpassung an die sich ständig verändernde Welt ist bei der asexuellen, also meist diploiden Form nicht oder nur in einem solch geringen Ausmaß möglich, dass die Erhaltung der Art auf Dauer nicht gesichert werden kann. Der Informationsgehalt ihres Genoms, oder wie wir vorher gesagt haben, ihrer Bibliothek, bestimmt, was nach der sexuellen Vereinigung aus ihnen wird. Der Bauplan und die Verhaltensweisen der Giraffe sind in der Eizelle und Spermienzelle der Giraffenkuh und des Giraffenbullen vorgegeben. Da gibt es keine Freiräume mehr. Selbst wenn das fertige Tier noch vieles lernen kann, was nicht exakt in der Bibliothek beschrieben ist, ist doch auch die Fähigkeit hierzu bereits angelegt. Das ermöglicht eine zum Teil nicht unbeträchtliche Variationsbreite innerhalb der einzelnen Arten. Die neu erworbenen Eigenschaften, zum Beispiel eine bestimmte Wasserstelle selbst nach einer monatelangen Wanderung immer wieder präzise aufzufinden, werden nicht an die Nachkommen weitergegeben. Jedenfalls nicht genetisch. Sie müssen erlernt werden.

Heißt dies nicht, dass wir vollkommen „in der Hand" unserer Geschlechtszellen, also unserer sexuellen Generation sind? Nichts geschieht, was nicht in ihnen angelegt ist. Selbst dann, wenn es in der nichtsexuellen, vielzelligen Generation im Laufe eines Lebens Erbgutveränderungen gibt, so wirken sie sich generationsübergreifend nicht direkt auf das (asexuelle) Individuum selber aus,

---

[17] Ohno, S., The Development of Sexual Reproduction. In: Reproduction in Mammals, book 6, The Evolution of Reproduction, Edited by Austin, CR and Short RV, Cambridge University Press 1973

sondern auf ihre Geschlechtszellen, also auf die sexuelle Generation und deren Nachkommen.

Es fällt auf, dass fast alle Geschlechtszellen prinzipiell einen sehr ähnlichen Aufbau haben. Die Möglichkeiten zur Variation scheinen eher gering, vergleicht man sie mit der unglaublichen Vielfalt der Formen, Farben und Verhaltensweisen bei den Individuen der asexuellen Generation. Bedient sich die sexuelle Generation einfach dieser ganzen Tricks, und in unseren menschlichen Augen manchmal auch Absurditäten, nur um ihr eigenes Überleben zu sichern? Brauchen sie uns asexuelle Vielzeller, damit sie sich als Einzeller zuverlässig sexuell vermehren können? Oder ist es umgekehrt, so wie die klassische Sichtweise es uns lehrt? Ist es reine Clownerie, wenn ein Paradiesvogel an seinem Zweig mit ausgebreiteten Schwingen eine Riesenwelle vollführt und dann kopfüber hängen bleibt, um seine Angebetete anzusehen und zu beeindrucken?

Aufschlussreich sind hier Beobachtungen an zwei Populationen von amerikanischen Prairiehunden. Während die Flachlandpulation monogam ist, ist die Bergpopulation polygam. Gibt man den polygamen Tieren einen Oxytocin, werden sie monogam, während die polygamen Tiere monogam werden, wenn man ihnen Oxytocin verabreicht. Diese Versuche stärken den Ruf des Oxytocins, ein „Treuehormon" zu sein. Es scheint also von der Hormonausstattung abzuhängen, wie Tiere der gleichen Art sich verhalten. Und dass die Hormonausstattung grundsätzlich genetisch bedingt ist, dürfte als allgemein wissenschaftlich akzeptiert sein. Genau so, wie die Genetik das Sexualverhalten der Nager beeinflusst, so wird auch die Riesenwelle des Paradiesvogels in seinem genetischen Material verankert sein. Es zwingt ihn dazu. Aber es könnte auch eine Variation in der Ausprägung eines anderen Verhaltens sein, eine epigenetische Expression, die nicht exakt im Genom vorgeschrieben ist und dem Individuum eine begrenzte Wahlmöglichkeit offen lässt.

Betrachten wir die Abhängigkeiten, denen die beiden Generationen unterliegen, dann müssen wir feststellen, dass alles Primäre von den Geschlechtszellen ausgeht. Das Diktat liegt ganz auf der Seite der sexuellen Einzeller, die wir in uns tragen. Sie bestimmen, was aus unserem Nachwuchs wird. Alle Informationen, die für die Expression der Funktionen und des Baues eines Individuums notwendig sind, liegen in ihren kleinen Zelleibern. Wir haben keine Wahl, wir müssen ihnen folgen. (Von den in einzelnen Teilbereichen des Lebens möglichen Ausnahmen, die ausschließlich uns Menschen betreffen und das auch erst in neuerer Zeit, rede ich weiter unten). Umgekehrt funktioniert es nicht. Die vielzellige asexuelle Generation kann die sexuelle Generation nicht verändern, selbst dann nicht, wenn sie selber zu irgendeinem Zeitpunkt Veränderungen durchmachen musste, wie zum Beispiel durch Krebs.

Die sexuelle Generation sorgt für eine Durchmischung des Genpools, ohne die die Entwicklung der Arten nahezu oder völlig zum Stillstand kommen würde. Ein Stillstand in der Evolution wäre aber wahrscheinlich mit einer Ausrottung der meisten, wenn nicht sogar aller Organismen verbunden. Heute haben wir es mit einem dynamischen Gleichgewicht der Arten zu tun. Arten einer Lebensgemeinschaft koevolutionieren, d. h.: wenn eine Art in Anwesenheit einer anderen bestehen will, muss sie deren Eigenschaften, die für sie negativ sind, durch eigene Weiterentwicklung ausgleichen oder überwinden. Jede Art versucht, dieses dynamische Gleichgewicht zu seinen Gunsten zu verändern, strebt also ein Ungleichgewicht an bzw. versucht das bestehende Ungleichgewicht je nach Lage der Dinge abzumildern oder zu verstärken. Der daraus resultierende Einfluss auf die anderen Arten ermöglicht es diesen in der Folge, durch Selektion neuer positiver Eigenschaften mit einem evolutionären Gegenzug zu reagieren. Das, was wir gelegentlich als dynamisches Gleichgewicht der Arten wahrnehmen, ist tatsächlich genauso gut ein aus Millionen von Arten bestehendes, sehr fein getrimmtes dynamisches Ungleichgewicht, das global gesehen in jedem Moment anders gelagert ist.

***

Ersatzteile

Die Frage nach Original und Kopie ist nicht in erster Linie
eine wissenschaftliche, sondern eine menschliche.
A. Hamann[18]

Sie haben auch schon von dem Bestreben der Wissenschaft gehört, aus bestimmten Zellen des menschlichen Körpers, sogenannten Stammzellen, neue Gewebe und Organe wachsen zu lassen. Wie soll das gehen, wo doch die Fähigkeit hierzu verloren gegangen ist, zu der die befruchtete Eizelle noch in der Lage war?

Die Antwort ist, dass in jeder Zelle noch die vollständige Information der gesamten Bibliothek vorhanden ist. Sie kann nur nicht mehr gelesen werden, weil sie zugedeckt ist. Wer in der Lage ist, diesen Deckel zu entfernen, der kann die gesamte Information freilegen und wieder lesbar machen. Man ist da schon ein gutes Stück weit gekommen

Adam und Eva haben bei ihrer Vereinigung strengstens darauf geachtet, dass die kompletten Informationen aus ihrer Bibliothek auch später in allen Zellen vorhanden bleiben, egal auf welcher Stufe sie sich befinden. Nur die Lesbarkeit variiert von Zellgeneration zu Zellgeneration. Sie wird von einer Zelle an ihre Nachfolgerin weitergereicht und ist nicht rückgängig zu machen. Einmal verschlossene Seiten bleiben zu. Aber, wie das so ist, Ausnahmen bestätigen die Regel, denn sonst wäre die Stammzellforschung schon am Ende, bevor sie so richtig angefangen hat. Normal aber ist das nicht. Jedenfalls nicht bei hochentwickelten Säugetieren. Bei primitiven Wesen ist das anders. Viele von ihnen können verschlossene Seiten wieder öffnen und so Ersatzteile für Originalteile herstellen, die mal abhanden gekommen sind. Aber wie das so oft bei Ersatzteilen der Fall ist, sie sind, verglichen mit dem Original, nicht immer vollwertig. Aber die Besitzer kommen mit ihnen besser über die Runden, als wenn sie sie nicht hätten. Auch von einer nicht ganz perfekten Ersatzflosse profitiert ein Fisch, wenn ihm das Original abhanden gekommen ist, zum Beispiel wenn sie von einem anderen Fisch abgebissen worden ist. Bei uns hochentwickelten Menschen geht das mit der Flosse leider nicht, obwohl die vier Flossen, die der Fisch an Brust und Bauch trägt, die Vorgänger unserer Gliedmaßen sind. Noch nicht. Aber die Wissenschaft arbeitet fieberhaft daran, die verschlossenen Seiten in unserer Bibliothek wieder zu öffnen. Doch das soll uns hier nicht weiter interessieren.

Ganz mies sieht es bei uns Menschen aus, wenn ein bis dato intakter Organismus durch unvorhergesehene Einflüsse einen Teil seiner selbst einbüßt, sei es durch Unfall oder Krankheit. Geht eine unserer Nieren kaputt, dann kann unser wunderbarer Organismus an seiner Stelle keine neue wachsen lassen. Bestenfalls wird die verbliebene Niere etwas größer und übernimmt die Funktion der fehlenden Schwester. In den meisten anderen Bereichen unseres Körpers geht selbst das nicht. Einige kümmerliche Ausnahmen existieren noch zum Beispiel bei der Leber und bei Verletzungen der Haut. Solche Schäden können notdürftig

---

[18] A. Hamann in: Original und Kopie, Marburger Jahrbuch für Kunstwissenschaft Bd. 15, 1949 - 1950

repariert werden, wobei auch Kapitel der Bibliothek wieder gelesen werden können, die eigentlich bereits für immer geschlossen sein sollten. Es scheint so, dass je höher ein Organismus entwickelt ist, seine Fähigkeit zur Reparatur von Schäden abnimmt. Das ist der Preis. Verliert ein Krebs eine Schere, weil ein Fisch sie ihm abgebissen hat, dann bildet er nach der nächsten Häutung eine neue. Kein großes Problem für ihn.

Wissen Sie, wie der Helgoländer Kniepersalat gemacht wird? Man zupft dem Taschenkrebs seine mächtigen Scheren ab und bereitet die schmackhaften Muskeln der Schere gekocht mit Mayonnaise und Kräutern, Zucker und Salz zu. Den scherenlosen Krebs werfen die Fischer meist ins Wasser zurück, wo er tatsächlich weiterleben kann. Ohne die großen Vorderscheren ist er erst einmal unschädlich für die Netze und für den Fang in den Netzen. Aber der Krebs hat für die Übergangsperiode noch ein paar kleinere Scheren, sodass er nicht verhungern muss. Und im nächsten Jahr hat er wieder ein Paar kräftige große Scheren an der Stelle gebildet, an der die Salatscheren mal gesessen haben. Viele niedere Tiere haben solche Fähigkeiten. Jeder weiß, dass wenn man einen Regenwurm halbiert, ihm die hintere Hälfte wieder komplett nachwächst.

***

Dauer„sex"

Im Tierreich gibt es alles, auch den seltenen Bund fürs Leben.
Welt online vom 7.5.2011

Wer kommt entwicklungsgeschichtlich vor den Wirbeltieren und Insekten? Die Würmer und Schnecken, die Tintenfische und Muscheln. Wie machen die das mit dem Sex? Ich muss schon sagen, es ist im Prinzip alles eine Wichse. Natürlich gibt es eine Menge von verschiedenartigsten Ausgestaltungen der nichtsexuellen Vereinigung. Ein paar Extremfälle kann ich ihnen aber doch nicht vorenthalten. In diesen Fällen gehen die Beteiligten sogar so weit, dass sie tatsächlich zeitweilig oder permanent miteinander verwachsen.

Die Weibchen mancher Rundwürmer bilden, wenn sie mit der Pubertät einigermaßen fertig geworden sind, eine zweilappige Tasche aus, in der sie dann, so ist jedenfalls ihre Hoffnung, ein kleines niedliches Männchen ganz für sich allein bei sich festhalten können. Dem Winzling bleibt keine andere Wahl als dazubleiben auch wenn er in seiner Umgebung den betörenden Duft anderer Weibchen wahrnehmen sollte. Er ist dermaßen schutzlos, dass er sich nicht einmal selber ernähren könnte. Das übernimmt von dem Moment an, an dem er sich entschieden hat bei ihr zu bleiben, seine Gemahlin und Herrscherin. Fremdgehen ist nicht drin. Sicherheit im Tausch gegen eine Dauerehe. Da ist doch auch aus menschlicher Sicht eine gewisse Logik drin.

Ein anderes Wurmweibchen treibt es noch viel weiter. Es hat die stattliche Länge von 30 cm und lebt in der Tiefsee. Dieses Weib, *Bonellia viridis*, hat ein Männchen zum Gemahl, das nur 2 Millimeter groß ist, sodass es erst sehr spät von der Forschung entdeckt wurde. Es lebt in der Gebärmaschine dieses Weibchens und kann ohne es überhaupt nicht leben. Man hatte es zuerst für einen parasitären Plattwurm aus einer anderen Familie gehalten. Später fand man heraus, dass es der Mann zu der großen Dame ist. In der Tiefsee findet man so leicht keinen Partner und wenn man einen hat, dann möchte man ihn so schnell nicht wieder hergeben. Insofern hat die Evolution in diesem Fall nicht nur eine grandiose Kapriole geschlagen, sondern etwas sehr sinnvolles hervorgebracht. Das Männchen ist Parasit und Sklave zugleich. Zum Dank dafür, dass er ihre Eier bereits in der Fabrikationshalle befruchtet, denn etwas anderes kann der Ärmste gar nicht, ernährt sie ihn liebevoll und sorgt rundum für sein Wohlergehen. In dieser Position muss er wohl von einem Orgasmus in den nächsten fallen. Ich habe keine Ahnung, wie lange er das durchhält. Ein aufreibender Job.

Dieses Würmchen ist sicher ein Extremfall. Aber es gibt sogar ein Wirbeltier, das es genauso macht. Es ist ein Fisch, der ebenfalls in der Tiefsee lebt. Warum dies gerade ein Tiefseefisch ist, ist sogar einigermaßen verständlich. Erstens ist die Population der Arten in der Tiefsee in aller Regel sehr viel dünner als in den flacheren, lichtdurchfluteten Meereszonen und die Partnerfindung dadurch schon mal erschwert. Und zweitens findet man sich auch deswegen nicht so leicht, weil es da unten stockdunkel ist. Wer nun einen Partner gefunden hat, der möchte ihn nicht so gern wieder verlieren. Also ist festhalten die Devise. Wie sich so etwas herausbilden kann, das weiß der Geier oder vielleicht Charles Darwin. Ich selbst habe davon keine konkreten Vorstellungen. Auf jeden Fall, denke ich, ist die Evolution und ihre unglaubliche Geduld im Ausprobieren des besten Weges daran schuld. Man kann die Kreationisten schon verstehen, wenn sie die Evolution à la Darwin als Hirngespinst ablehnen. Es ist reinweg zu unglaublich, oder? Na ja, jeder macht sich so sein Bild von der Erde, den Tieren und Pflanzen, den Bakterien und Pilzen und vom Weltraum. Ich muss an dieser Stelle bekennen, dass ich Darwin für seine Entdeckungen bewundere. Zwar wusste Darwin noch nichts von der Regulation der Genaktivitäten und von epigenetischen Prozessen. Er kann also in Einzelpunkten falsche Schlüsse gezogen haben. Insgesamt aber, denke ich hat seine Theorie bis heute gut bestanden.

Um auf das Festhalten der Männchen zurückzukommen: Das gibt es in milderer Form auch bei Säugetieren. Haben Sie schon mal Hunde bei der Paarung beobachtet? Wenn der Rüde sein Sperma verspritzt hat möchte er in aller Regel von seiner Hündin absteigen, verduften und sich ein wenig ausruhen. Es war ja neben lustvoll auch noch ein bisschen anstrengend. Doch meist geht das erst einmal gar nicht. Die beiden „hängen" auch nach der Ejakulation des Rüden noch für einige Zeit zusammen. Er kann sich nicht von ihr befreien und so stehen sie oft Hintern an Hintern längere Zeit zusammen und versuchen wieder voneinander loszukommen. Dabei wird der Penis des Rüden in vermutlich sehr unangenehmer Weise nach hinten zwischen seine Hinterbeine gezerrt. Ich stelle mir das furchtbar unbequem, wenn nicht vielleicht sogar schmerzhaft vor. Dazu kommt noch, dass der Rüde im Gegensatz zum Menschen einen Penisknochen hat, der sein Paarungsgerät auch nach Abschwellen der Erektion noch weiter versteift.

Wer hält nun wen fest: Er sie oder sie ihn. Manche glauben, ein Scheidenkrampf der Hündin hält den Penis des Rüden so fest, dass er nicht sofort davonlaufen kann. Das kann sogar bis zu einer halben Stunde dauern. Das wäre dann eine Sache, die von der Hündin ausgeht und die ihr vielleicht irgendeinen Nutzen bringen könnte. Doch was für ein Nutzen sollte das sein?

Eines steht fest: Für die Zeit des Hängens kann sich kein anderer Rüde mit ihr paaren. Das ist aber höchstwahrscheinlich kein Vorteil für die Hündin, denn sie ist ja läufig, sie „will" ja schwanger werden. Schließlich kann es ihr egal sein vom wem. Geht das Hängen denn vielleicht vom Rüden aus? Ich denke ja, denn es ist eine allgemeine Erscheinung im Reich der Tiere, dass die Männchen diejenigen sind, die ihre Gene zur Fortpflanzung bringen „wollen". Die gängige Auffassung ist die, dass der Penis des Rüden an seiner Basis nach der Ejakulation derartig anschwillt, dass er nicht mehr aus der Scheide gezogen werden kann.

Nichts in der Natur geschieht ohne Grund. Meines Erachtens ist der Sinn des „Hängens" darin zu sehen, dass in diesen bis zu dreißig Minuten kein anderer Rüde die Hündin besteigen kann, was sie wohl ohne Umstände zulassen würde, denn nach dem Hängen tut sie es ja wieder. Es ist wohl wieder einmal die Bibliothek oder die Selbstsucht der Gene, die dem Rüden unwissentlich befiehlt, den Stöpsel so lange in der Wärmflasche zu lassen, bis seine Spermien einen gewissen Vorsprung gegenüber eventuell später kommenden Kollegen haben. Er „will" ja schließlich seine Bibliothek rüberbringen und die der Rivalen ausschalten. Sieht man sich die Jungen am Ende an, dann ist man nicht immer überzeugt, dass diese Vorgehensweise von Erfolg gekrönt war. Es kann nämlich trotzdem sein, dass die Hündin einen Wurf von zwei oder drei Rüden als Väter hervorbringt. Vielleicht hat dann das Hängen nicht stattgefunden oder es war zu kurz. Oder die Spermien des zweiten oder dritten Rüden waren trotz Hängezeit mit dem ersten Rüden so schnell unterwegs, dass sie das Rennen hin zur Eizelle für sich entschieden haben. Es reicht ja schon ein einziges von ihnen. Und das hatte vielleicht auch nur Glück. Wie herum das nun auch sein mag, wir müssen erkennen, dass da ein Sinn drin zu sehen ist. Zweifellos ist dies eine prekäre Situation, denn beide sind ja in dieser Zeit ziemlich hilflos. Menschen, die versuchen sie gewaltsam zu trennen, wissen nicht was sie damit anrichten.

Eine nicht ganz unähnliche Taktik verfolgen einige Nagetiere. Deren Männchen haben so reichlich Sperma, dass sich daraus nach der Paarung ein dicker Pfropfen, ein festes Ejakulatgerinsel, in der Scheide des Weibchens bildet, das das Eindringen des Penis eines Mitbewerbers schlichtweg unmöglich macht. Ein neuer Bewerber kann auch bei brutalstem Vorgehen seinen Überdruck bei diesem Weibchen nicht loswerden. Der Effekt ist der gleiche wie bei den Hunden. Die Spermien des ersten Männchens haben einen zeitlichen Vorsprung, den nachkommende andere Spermien nicht oder nur schwer aufholen können.

**

Wie verhält es sich mit dem Verhalten?

There is an animal called an elephant ... no larger animals
can be found. They possess vast intelligence and memory.
And they copulate back to back.
Aristoteles, 350 v. Chr.[19]

Aber kommen wir zurück zu den Tricks und Kniffen, die diese Informationen im Bereich des Verhaltens zutage treten lassen.

Manchmal stehen die Erfordernisse zur Erhaltung der Lebensfunktionen einer Spezies der Vereinigung von Spermien und Eizellen im Wege. Bei den Säugetieren setzt dies immer einen direkten Körperkontakt voraus, das heißt, das Männchen muss seinen Penis irgendwie in die Scheide seiner Angebeteten oder Auserwählten bringen um eine Ladung Sperma loszuwerden. Die meisten Fälle sind unproblematisch.

Sehen wir uns das Rind oder das Pferd an. Der Stier oder der Hengst reitet mit bereits erigiertem Penis auf das weibliche Tier auf, wobei sein Begattungsorgan dann schon ganz in der Nähe der Scheide steht oder pendelt, je nachdem. Der Weg hinein ist nicht schwer zu finden, gesetzt den Fall, die Dame ist willig und schirmt ihre Öffnung nicht mit dem Schwanz oder Schweif ab.

Anders sieht es schon beim Elefanten aus. Der Bulle hat seinen Penis etwa da, wo der Hengst ihn hat. Aber die Elefantenkuh hat ihre Scheidenöffnung unter dem Bauch, da wo andere Huftierweibchen ihr Euter haben. Das hat die Elefantenkuh denn ja auch konsequenterweise nach vorn, zwischen die Vorderbeine verlagert. Hinten war kein Platz mehr für den Milchspender. Wie soll der Bulle aber nun die Scheidenöffnung unter dem Bauch seiner Dame erreichen? Soll er sie auf den Rücken legen? Hatte Aristoteles vielleicht doch recht, dass die Elefanten Rücken zu Rücken kopulieren? Geht nicht. Ich denke, Elefanten können sich nicht auf den Rücken legen.

Die Lösung des Problems ist folgende: Er reitet ähnlich wie der Hengst oder Stier von hinten auf den Rücken der Elefantendame auf. Wenn er seinen meterlangen Penis noch nicht ausgefahren hat, dann tut er es jetzt. Aber der hat einen Haken. Ich meine nicht den Elefanten sondern nur seinen Penis. Sein Penis weist eine starke Krümmung nach oben auf, die es ihm erlaubt, die unter dem Bauch liegende Scheidenöffnung der Elefantin zu erreichen und einzudringen Doch durch diese unbequeme Konstellation kann er seinen Penis nur ein relativ kurzes Stückchen in die Vagina einführen. Die Eierstöcke der Elefantin liegen nun aber tief in ihrem Körperinneren verborgen. Wenn der Bulle in den unteren Scheidenbereich ejakuliert, müssen seine Spermien eine mehrere Meter lange Marathonstrecke absolvieren. Doch sie schaffen es, vor allem dank der großen Menge an Ejakulat, über die der Bulle verfügt. Warum es sich die Elefanten so schwer machen, ist für mich nicht erklärbar. Dabei wird die Elefantin doch nur alle

[19] Gefunden bei R.V. Short in: Reproduction in mammals, Ed. Austin CR and Short RV, book 4, Reproductive patterns

fünf Jahre brünstig und ein perfekter Paarungsablauf ist umso wichtiger. Andererseits hat „Er" hat ja 5 Jahre Zeit zum Üben und wird es trotzdem schon irgendwie hinkriegen. Übrigens hat auch er eine anatomische Besonderheit aufzuweisen. Seine Hoden liegen nicht wie bei anderen Säugetieren nett verpackt in einem Beutelchen sondern in etwa da, wo die Elefantin ihre Eierstöcke hat, nämlich tief in der Bauchhöhle. Wäre der Elefantenbulle ein Säckchenträger mit außen liegenden Hoden, würde das ein großes Problem mit sich bringen, denn Spermien mögen es cool. Und in Afrika und Indien kann die Hitze mörderisch sein. Andererseits bekommen den Spermien der meisten Säuger Temperaturen über 33 Grad Celsius nicht gut und sie sterben dann leicht ab oder werden zumindest inaktiviert. Die Elefantenspermien müssen also sehr hitzeresistent sein, denn der Riese hat eine Körpertemperatur von 37 Grad. Die Hoden nach draußen verlegen wäre also keine so gute Idee. Zudem haben viele tropische Säugetiere die Fähigkeit sich statt mit Schwitzen mit einer Erhöhung der Körpertemperatur gegen die Hitze zu helfen. Ob diese bei Antilopen wirksame Methode auch bei Elefanten zu finden ist, ist mir nicht bekannt. Wenn ja, dann wäre das ein weiterer Schock für die sensiblen Spermien. Ob sie das alles aushalten oder ob der Elefant einen speziellen Kühlmechanismus für seine Sexzellen besitzt, ist meines Erachtens noch nicht geklärt. Offenbar reichen ihre riesigen Segelohren aus, um als Klimaanlage in allen Körperteilen für Kühlung zu sorgen.

Ein anderer Fall hat mich schon sein langem fasziniert. Es ist das Sexualverhalten der Hyänen. Wie auch bei manchen Primaten so ist das Dominanzgebaren der Hyänen an das Zurschaustellen des Penis gekoppelt. Männer, die immer ihren Mantel mit nix drunter auf der U-Bahntreppe oder in einer Fußgängerpassage öffnen müssen, versuchen dasselbe, leben aber irgendwie in der falschen Zeit, denn unsere Vorfahren, die ihr Prachtstück noch regelmäßig zur Schau stellten, sind entweder ausgestorben oder leben noch heute als unsere armen Verwandten im tropischen Dschungel.

Dominante Hyänenmännchen beeindrucken untergebene Männchen bei Rangstreitigkeiten durch die Mächtigkeit ihres wirklich bemerkenswerten Penis. Nun wird aber das Rudel in der Regel von einem dominanten Weibchen geführt, denn unter Hyänen ist die Welt noch in Ordnung. Es regieren die Frauen. Allerdings sehen sie genauso aus wie ihre Männer, tragen einen „Penis" wie sie und sind so brutal wie eben sonst nur Männer sein können. Was macht die Alphahyäne, um sich gegen die eigentlichen Männer und gegen ihre weiblichen Genossinnen durchzusetzen? Sie fährt zwischen ihren Hinterbeinen genauso ein Ding aus, wie ihre männlichen Kollegen es zur Schau stellen und im Bedarfsfall zur Begattung ihrer Weibchen gebrauchen. Dieser Scheinpenis des Weibchens ist sogar noch größer als der der Männchen, wodurch es seine Alphaposition eindeutig klar macht. Dieser mächtige Schlauch ist ein Teil ihrer Vagina und kann erigiert und zurückgezogen werden, wie der eines Männchens. Beim Anblick eines solchen Machtsymbols erblasst die Männerwelt und lässt sich willig von ihrer Chefin führen ohne aufzumucken. Wenn dieser Scheinpenis aber nun ein Teil der Vagina ist, wie kann die Hyäne dann Junge gebären? Wenn die Welt bei den Hyänen so verdreht ist, bekommen vielleicht die Männchen die Jungen? (lachen Sie nicht, die Seepferdchen zeigen uns, dass auch das möglich ist). Geht das durch diesen Scheinpenis? Ja, es geht. Die Jungen werden durch diesen schlauchartigen

Scheinpenis hindurch geboren. Hört sich kompliziert an, ist es aber gar nicht, denn die Neubürger sind ziemlich klein und der Schlauch elastischer als so manche kleine knackige Vagina anderer Tiere.

Hyänen sind noch aus einem anderen Grund bemerkenswert. Kaum sind die Jungen geboren, da bekämpfen sie sich auch schon, und zwar brutalst. Schwächere Nestgenossen gehen dabei regelmäßig drauf. Nur ein oder zwei der vielen Jungen werden das Licht am Ende der Höhle erblicken, in der sie geboren wurden. Geht man der Ursache dieser enormen und schon so frühen Aggression nach, so findet man bereits bei den Jungtieren Androgenmengen im Blut, die alle Vorstellungen davon übertreffen, was man von der Sexualentwicklung junger Säugetiere weiß. Es sind vor allem diese Androgene, also Testosteron und andere männliche Sexualhormone, die für diese enorme Aggression verantwortlich gemacht werden. Vermutlich haben auch die Weibchen eine gehörige Portion davon, damit sie nicht nur ihren Scheinpenis, sondern auch ihr Dominanzverhalten bedarfsgerecht ausbilden können, denn Testosteron wirkt auch auf das Gehirn und dadurch auf das Verhalten.

***

Wie machen es die anderen?

Vorsicht ist die Mutter der Porzellankiste
Deutsches Sprichwort

Bei den Säugetieren ist die Steuerung des Sexualverhaltens noch einigermaßen leicht zu verstehen. Aber sehen wir uns einmal eine bestimmte Spinnenart an. Die Weibchen dieser Art denken nur ans Fressen. Auch wenn ihnen ein Männchen über den Weg läuft, werden sie es fressen, wenn es nicht schnell genug das Weite sucht. Da die Männchen, wie alle Männchen übrigens, das starke Bestreben haben sich fortzupflanzen und damit eine Kopie ihrer Gene, also in unserem Sprachgebrauch eine Kopie ihrer Bibliothek weiterzugeben, haben sie sich etwas einfallen lassen, um lebend aus der Bredouille herauszukommen. Wenn ihr Spermiendruck so groß wird, dass sie die Dinger irgendwie loswerden müssen, greifen sie zur Nothilfe. Nein, onanieren können sie nicht, obwohl sie acht Beine haben. Geht trotzdem nicht. Sie suchen sich jetzt eine Stelle aus, die oft von einem Weibchen besucht wird oder in deren Nähe sich bereits ein Weibchen befindet. Dann produzieren sie aus ihrer Spinndrüse erst einmal einen Stiel, den sie auf ein Blatt oder etwas Ähnlichem setzen. Und nun kommt die Krönung. Der Spinnenmann prüft und bewundert stolz den ersten Teil seines Reproduktionsprodukts und kommt dabei so richtig in Stimmung. Dann setzt er oben auf dem Stiel ein Spermienpaket ab. Ob er dabei so viel Lust empfindet, wie Evam oder der Elefantenbulle beim Druckablassen, ist nicht genauer bekannt. Aber zufrieden kann er auf jeden Fall sein, denn es ist ein wunderschönes kleines Kunstwerk und was noch wichtiger ist: Er entgeht durch diesen Trick dem gefräßigen Weib. Und damit ist für ihn die Sache auch schon gegessen. Ein rotes Schleifchen mit Adresse, Absender und Grußkarte bekommt das Päckchen nicht. Obwohl er von der Qualität seiner Bibliothek überzeugt ist, möchte er doch lieber anonym bleiben und nicht für eventuell dennoch missratene Kinder geradestehen müssen. Das liegt dann selbstverständlich an der anderen Hälfte, die das Weibchen beisteuern muss und wird. Ob er weiß, was aus seinem kleinen Bauwerk wird, ist nicht genauer bekannt. Er scheint einfach davon auszugehen, dass sein Präsent von einem Weibchen gefunden werden wird. Bekannt aber ist, dass das Spinnenweibchen, sowie es des kleinen Pilzes ansichtig wird, schier in Verzückung gerät. Nicht etwa, weil es für die immer hungrige Spinnendame ein gefundenes Fressen wäre. Dafür ist da dann doch zu wenig dran, sondern weil sie ihre Genitalöffnung genüsslich darüberstülpen und das kleine Paket internalisieren kann. Ich denke, sie wird untenrum auch ein bisschen feucht werden, denn sonst ist die Sache gar zu trocken und hakt vielleicht im entscheidenden Moment. Sie nimmt das kleine Päckchen dankend an und speichert es erst einmal in ihrem Handtäschchen, das von den zuständigen Wissenschaftlern *Receptaculum seminis* genannt wird. Alle Eier, die sie ablegen möchte, müssen an dem Rezeptakulum vorbei und werden sozusagen *en passant* befruchtet. Nun ist sie schwanger und kann befruchtete Eier ablegen. Und der Vater, der seinen Sohn nie sah, kann auch zufrieden sein, weil er mit dem Leben davongekommen ist und neues Leben ganz nach seinem Geschmack in die Welt gerufen hat.

Aber wie alle Lebewesen ist auch er ein Sklave seiner Gene, seiner Bibliothek. Sie hat ihn aufgebaut zu der vollen Größe und Schönheit, die er heute besitzt und sie gab die Befehle in Form von Kopien an die anderen Zellen, Gewebe und Organe weiter und zwangen ihn sogar zu dieser eigenartigen Handlung mit dem Spermienpaket auf dem Stiel. Natürlich ist ihm dieser Hintergrund nicht bewusst. Er, wie alle Männer, wähnt sich frei in seinem Handeln, glaubt den Lauf der Dinge fest in der Hand zu haben. Selbst dass er schleunigst verduften muss, wenn er seiner Partnerin ansichtig wird, ist in seiner Bibliothek vorprogrammiert. Nur, das weiß er alles gar nicht und hält sich vermutlich für sehr clever, wenn er ihr entwischt ist.

Kennen Sie die Gottesanbeterin? Natürlich kennen sie sie. Ein faszinierend schönes Insekt, das einem die Haare zu Berge stehen lässt, wenn man ihre Paarungsgewohnheiten kennt. Bei ihr geht die Geschichte mit dem Sex nicht so locker ab wie bei der obengenannten Spinne, denn so fromm wie ihr Name klingt ist sie gar nicht. Sie sitzt oder hängt an einem Stängel einer Pflanze und rührt sich stunden- und tagelang nicht. Scheint wie ein Blatt mit ihrer Umwelt zu verschmelzen. Beutetiere sehen sie deshalb auch nicht. Die unachtsamen kleinen Dummchen werden beim unbedachten Vorbeikrabbeln an dieser Tötungsmaschine durch Vorschnellen der wie zum Gebet verschränkten Arme der Gottesanbeterin blitzschnell geschnappt. Diese Taktik funktioniert sehr gut. Das Beutetier muss nur dicht genug an sie herangekommen sein, damit sie es schnappen kann. Statt eine Hetzjagd zu veranstalten, wie es viele räuberische Käfer oder Libellen tun, hängt sie einfach da und wartet. Das spart Energie und Energiesparen ist auch im Reich der Tiere ein ungemein wichtiges Thema.

Nähert sich ein Männchen ihrer eigenen Art mit Heiratsgedanken im Kopf, dann fängt sie es nicht, obwohl es wesentlich kleiner ist als sie selbst und einen willkommenen Snack darstellen könnte. Ihr Greifreflex ist blockiert, was auch wiederum eine Folge dessen ist, was an Vorschrift in ihrer Bibliothek steht. Zärtlich und angestrengt zugleich klammert sich das Männchen an seine angebetete Anbeterin und wühlt genüsslich seine Genitalien in die des Weibchens hinein, und sie lässt es geschehen. Doch die Harmonie ist trügerisch. Sowie das Männchen beginnt sein Sperma in sie hineinzupumpen, scheint ihr Beutetrieb wieder zu erwachen. Sie hält ihn mit einer explosionsartig schnellen Greifbewegung ihrer gewaltigen Arme fest an sich gedrückt, aber leider nicht aus purer Liebe, sondern weil sie ihn zum Fressen gern hat. Sie beginnt nun, ihren Gemahl zu verspeisen. Mahlzeit. Weg kann er nicht mehr, denn sie ist viel stärker als er. Sie beginnt mit dem Kopf. Der ist sehr gehaltvoll und schmeckt offenbar am besten. Nun ist das Männchen kopflos. Was nun? Wir Männer wären dann erledigt. Schluss mit dem Schäferstündchen und Ende des Films, der Leben heißt. Und was macht der männliche Gottesanbeter? Sehen wir weiter nach unten, wo die Geschlechtsteile der beiden liegen, dann erkennen wir, dass das kopflose Männchen ungerührt weiterpumpt, seine Spermien weiter in das Weibchen hineinbugsiert. Währenddessen verschwindet immer mehr von ihm zwischen den Kiefern des Weibchens, bis dieses den schlappen Rest fallen lässt. Sie ist satt geworden und außerdem schwanger. Beides ist ihr sehr willkommen und passt perfekt zusammen. Da sie nun schwanger ist, braucht sie eine erhöhte Energiezufuhr, um die vielen großen befruchteten Eier makellos ausbilden zu können. Und dazu ist ihr ihr Gatte gerade der Rechte. Warum auch sollte er weiterleben. Seine biologische Rolle hat er erfüllt. Basta. Soll ihn etwa ein anderer Räuber überfallen und fressen? Es gibt ja sooo viele Gefahren in dieser Welt. Deshalb übernimmt sie diesen Teil der Geschichte lieber selber. Ende der Love Story. Überflüssig zu sagen, dass auch dies nicht zufällig geschieht, sondern sich durch feines Trimmen, durch Verschließen und Öffnen der Seiten, oft sogar von einzelnen Kapiteln, Absätzen und Sätzen oder Wörtern der Bibliothek herausgebildet hat.

Wir verlassen nun dieses faszinierende Kapitel und lassen die schwangere Gottesanbeterin unauffällig weiter in ihrem Gebüsch lauern. Denn sie braucht noch einiges an Beute, bis sie ihr wundervolles Gelege an eine Pflanze hängen kann.

Nicht viel anders ergeht es den Männchen der Zebraspinne. Es kann sogar entscheiden ob es gefressen werden will, zum Beispiel wenn es ein besonders prächtiges Weibchen verführt hat, oder ob es lieber beizeiten das Weite sucht, wenn die Begehrte noch nicht auf der Höhe ihrer Fähigkeiten ist. Er weiß es zwar nicht, aber wenn er sich ohne Gegenwehr von dem Superweib verspeisen lässt, dann kommt seine Biomasse seinen Jungen zugute. Dann hat er sich unbewusst, aber genetisch vorprogrammiert, für die Verbreitung nicht nur seiner Gene, sondern auch für die seines Weibes geopfert.

***

Kohabitation und Verstand

„Da behält man seinen Kopf oben
und man bleibt ganz allgemein.
Sicher scheint der Mond die ganze Nacht,
sicher wird das Boot am Ufer losgemacht
ja, aber weiter kann nichts sein

Ja, da kann man sich doch nicht nur hinlegen
ja, da muss man kalt und herzlos sein.
Ja, da könnte so viel geschehen
ach, da gibt's überhaupt nur: Nein. "

Berthold Brecht[20]

Liebe und „Sex" machen die Männer blind, verrückt, weil sie unsere Wahrnehmungen verändern. Das heißt nicht die Liebe an sich tut dies, sondern das Testosteron und andere Sexualhormone, die für die Ausprägung oder Modulation der Gefühle, natürlich zusammen mit dem Nervensystem, von maßgeblicher Bedeutung sind. Mit der Androgenbrille auf der Nase übersieht so mancher Mann, wen oder was er da in seinem Rausch vor sich hat. Entgleisungen der abenteuerlichsten Art sind da schon fast die Normalität. Doch wenn der Rausch verflogen ist und der Testosteronpegel wieder in normalen Grenzen liegt, fasst sich so mancher Mann an den Kopf und zweifelt an seinem Verstand. Aber eben der ist unter dem Hormoneinfluss stark verändert oder sogar eingeschränkt oder ausgeschaltet. Aber egal. Der Trieb zur Kohabitation dient ja letztlich dazu, die Existenz unserer Spezies zu sichern. Deshalb ist es im Prinzip und in Ermangelung eines anderen Partners durchaus sinnvoll, über Äußerlichkeiten hinwegzusehen. Besser es entstehen überhaupt Nachkommen, als dass sie wegen irgendwelcher Vorbehalte nicht gezeugt werden. Wie gut die dann überleben oder sich in unserer Welt zurechtfinden können, steht auf einem anderen Blatt.

Bei Frauen stellt sich diese Erscheinung in etwas milderer Form ebenfalls dar. Auch sie haben Testosteron, aber viel weniger als die Männer, und ein anders *getuntes* Nervensystem und lassen deshalb vielleicht eher die Vernunft walten.

Doch an anderer Stelle heißt es in dem Lied der Polly aus der Dreigroschenoper:

„Ja, da muss man sich doch einfach hinlegen
ja, da kann man doch nicht kalt und herzlos sein!
Ja, da musste so viel geschehen
ja, da gab's überhaupt kein Nein.

Der „Sex" der Frauen ist graduell ein bisschen verschieden von dem der Männer. Die Östrogene allein, quantitativ das wichtigste Sexualhormon den Frauen, bewirken nicht das gleiche, wie die Androgene bei den Männern, doch zirkulieren auch in den Adern der Frauen Androgene. Dieses Quäntchen Androgene im Verein mit den Östrogenen reicht aus, um auch in dem schönen Geschlecht ein Verlangen nach Beischlaf zu fördern. Die Hormonbrille raubt uns den Verstand und lässt keinen Raum für tiefschürfende, absichtsvolle Gedanken. Vielleicht ist aber gerade das das Schöne der Kohabitation, die natürlich nach unserer Definition

---

[20] Brecht B, Dreigroschenoper

kein Sex ist, sondern bloß ein intensiver Körperkontakt mit dem Ziel, unsere kleinen wirklichen Sexkandidaten, die in unseren Geschlechtsorganen nur auf diesen Moment gewartet haben, zusammenzubringen. Nur dürfte uns das mit der Ausnahme einer geplanten Schwangerschaft im entscheidenden Moment nicht klar sein.

Nebenbei bemerkt, ein mir bekannter und auch sonst sehr bekannter Endokrinologe (Hormonforscher) traf einmal die Feststellung, dass er als das eigentliche Sexualhormon nur das Testosteron anerkennen könne. Wieso denn das? Frauen haben doch ihre Östrogene und das sind doch auch Sexualhormone. Taugen denn die Östrogene nicht zur Stimulation der Libido? Haben denn Frauen weniger Verlangen nach einem Beischlaf, nur weil sie statt der Androgene die weiblichen Östrogene als mengenmäßig dominierendes Sexualhormon haben?

Die weiblichen Sexualhormone sind nach diesem Herrn nur eine vom Testosteron abgeleitete Form. Biochemisch gesehen stimmt das auch. Doch halt! Schließlich haben auch weibliche Säuger, Frauen eingeschlossen, Testosteron im Blut. Wenn die Östrogene eine von den Androgenen abgeleitete Form sind, dann müssen auch irgendwie Androgene da sein, die umgewandelt werden können. Und tatsächlich sind sie da. Die Hauptquelle der Androgene ist bei Frauen, da sie keine Hoden haben, eine andere, als bei den Männern. Bei den Frauen springen dafür vor allem die Nebennieren ein. Die schaffen aber nur etwa ein Fünftel bis ein Zehntel von dem Testosteron, das die Männer aus ihren Hoden beziehen. Aber das reicht allemal aus, um auch sie in Stimmung zu bringen. Zumindest zuweilen. Und wozu brauchen sie denn die Östrogene, wenn die nach obengenanntem Herrn doch gar keine richtigen „Sex"-Hormone sind? Hier beißt sich nun aber doch unser Postulat von Testosteron als dem einzigen Sexualhormon in den Schwanz (bitte nicht missverstehen!). Zwar macht das Testosteron auch die Frauen scharf, aber die Östrogene haben im wahrsten Sinne eine viel tiefergehende Funktion. Sie kommen erst so richtig ins Spiel, wenn Eva sich anschickt, aus ihrem engen Kinderzimmer auszubüxen, um ein Abenteuer mit Adam einzugehen und auch noch danach, wenn Adam und Eva sich vereinigt haben und ein neues gemeinsames Zuhause suchen. Nur die Östrogene sind in der Lage, ihnen ein molliges Nest zu bereiten, in dem sie dicker und dicker werdend neun lange Monate wohnen werden. Dabei hilft ihnen aber noch die Großmutter der Östrogene, das Progesteron und andere Schwangerschaftshormone. Sie sichern die gerade entstandene Schwangerschaft ab.

Aber liegt die Sexualität denn ausschließlich im Verantwortungsbereich der Hormone, die aus den Hoden oder Ovarien kommen? Bei einigen Tierarten kann man beobachten, dass die männlichen Tiere auch dann noch zur Paarung fähig sind, nachdem sie kastriert worden sind. Doch muss die Kastration nach dem Einsetzen der Pubertät erfolgt sein. Ich selber kenne Beispiele von Hengsten, Hunden und Marderartigen, aber auch beim Menschen ist das schon beobachtet worden. Der Triebtäter B. aus J. in Schleswig-Holstein hat sich im Alter von über 60 Jahren freiwillig die Hoden entfernen lassen und doch wurde er danach noch wieder in alter Weise straffällig. Erneut vergewaltigte er ein junges Mädchen. Verantwortlich dafür war vermutlich entweder das Nervensystem des Delinquenten, in dem der übermächtige Sexualtrieb infolge eines Lernprozesses eingeübt und nicht mehr auszuschalten war, oder er hatte noch genügend andere Androgenreserven, zum Beispiel in den Nebennieren.

Dass das Nervensystem eine große Rolle bei unserem vegetativen „Sex" spielt ist unübersehbar. Prozesse, die einen Lerneffekt haben, können dabei von großer Bedeutung sein. Sie können dann auch ohne merkliche Beteiligung von Hormonen ablaufen. Ohne Hoden ist der Mann dann zwar kein Sklave seiner Hormone mehr, weil ihre restlichen, noch im Blut zirkulierenden Mengen einfach zu gering sind, aber sie prägen in einer frühen Entwicklungsphase das spätere Verhalten eines Mannes oder Männchens. Dann übernimmt das Nervensystem, das natürlich auch sonst beteiligt gewesen wäre, die Führung. Vielleicht ist aber auch ein anderer Mechanismus für die nicht totzukriegende Lustsucht mancher Männer verantwortlich: Wird ein Mann kastriert, dann bleiben in seinem Körper, in seinen Geschlechtsorganen, aber auch in seinem Gehirn, Androgenrezeptoren offen, unbesetzt, weil keine Androgene mehr da sind, die sich an den Rezeptor binden können. Androgenrezeptoren sind unbedingt für die Wirkung der Androgene erforderlich, aber allein, ohne ihren Bindungspartner, die Androgene, sind sie funktionslos. Sie, die Androgene, sind der Schlüssel für das Schloss, sprich für den Rezeptor, in den sie exakt passen müssen. Bei dem frisch kastrierten Mann sind die Rezeptoren mit den an sie gebundenen Androgenen noch vollzählig vorhanden, aber sie verlieren Stunde um Stunde und Tag für Tag mehr von ihrem Schlüssel, dem Testosteron und werden immer gieriger darauf, sich noch einen Rest von ihm zu schnappen. Deshalb ließe sich bei dem frisch kastrierten Mann der alte Zustand mit einer Testosteronspritze fast augenblicklich wiederherstellen. Seine Rezeptoren befinden sich in einer extrem hungrigen Auffangstellung, weil die Androgene, die sonst immer da waren, nun ein regelrechtes Androgenvakuum hinterlassen haben. Die kleinste Menge an Androgenen reicht ihnen, um sich damit, wenigstens zum Teil, zu sättigen. Da wird so schnell nichts vergeudet, verstoffwechselt, in andere Speicher verschoben oder ausgeschieden. Solange der Androgerezeptor nicht zu einem hohen Prozentsatz mit Androgenen abgesättigt ist, wird gespart. Wie viel dieser Botenstoffe dafür erforderlich ist, weiß zurzeit niemand. Vielleicht ist es auch von Person zu Person unterschiedlich.

Auch die Bildung der Androgenrezeptoren ist von der Anwesenheit von Androgenen abhängig. Doch auch die Rezeptoren werden sich im Laufe der Zeit nach der Kastration nach und nach zurückbilden. Aber ganz verschwinden werden sie nie wieder. Die Ansprechbarkeit für die Sexhormone bleibt, wenigstens solange der Mann gesund ist, erhalten.

Der Körper des Menschen kennt viele Umwege, um zu seinem Ziel zu gelangen. Einer davon besteht in der langen Speicherfähigkeit an den verschiedensten Orten. Und weil die Androgenrezeptoren eine unglaublich hohe Affinität zu den Androgenen haben, sind sie sogar in der Lage, diesen Speichern, die die Androgene nur lose binden, ihre spärlichen Androgene zu entreißen. Vielleicht nicht ganz, aber ganz überwiegend. Doch noch eine andere Möglichkeit kommt in Frage. Wenn das Testosteron der Schlüssel ist, mit dem der Rezeptor seine Funktionsfähigkeit erlangt, dann kann es durchaus sein, dass es einen Nachschlüssel oder einen Dietrich gibt, der vielleicht nicht so gut passt, aber dennoch das Schloss mit etwas Mühe und viel Druck öffnen kann. Und die gibt es tatsächlich. Andere Androgene, ihre Vorstufen oder Abbauprodukte können bei hoher Anwesenheit in geringerem Umfang das Schloss solange berennen, bis es sich der Gewalt beugt und irgendeinen der Schlüssel hineinlässt. Ob die rezeptorvermittelte Reaktion dann ablaufen kann oder nicht oder nur teilweise, ist davon abhängig, wie gut der eingeführte Schlüssel passt. Ist der Schlüssel drin, kann aber nicht die vielen kleinen Stiftchen eindrücken, passiert nichts. Der Rezeptor bleibt inaktiv. Können aber einige der Stiftchen eingedrückt werden, geht das Schloss unter Quietschen und Ächzen wenigstens teilweise auf und eine schwache Reaktion kann erfolgen. Je mehr dieser nicht gerade perfekt passenden Schlüsselmoleküle auf das Schloss einstürmen, desto stärker wird die Reaktion ausfallen. Vielleicht hatte ja unser obengenannter kastrierter Triebtäter irgendwelche stillen Reserven von ungewöhnlichem Ausmaß.

***

Gibt es zu viele Männer?

Männer   sind   so   verletzlich
Männer   sind   auf dieser   Welt einfach
unersetzlich

H. Grönemeier, Liedtext zu „Männer"

Warum hat die Evolution eigentlich diesen unökonomischen Weg der Gleichzahl der Geschlechter hervorgebracht? Nicht nur militante Feministen und Feministinnen sind der Auffassung, dass so viele Männer oder Männchen im Prinzip überhaupt nicht gebraucht werden. Die Masse an Spermien, die ein einziges Männchen / ein einziger Mann erzeugt, reicht für tausende von Eizellen zur Befruchtung aus. Die Rinderzucht zeigt uns das auf sehr eindringliche Weise. Einem jungen, genetisch wertvoll veranlagten Bullen wird in kurzer Zeit so viel Sperma abgezapft wie nur möglich. Dann wird er fürs erste auf die Warteposition gestellt. Und da kommt er nicht einfach nur durch Würfeln wieder von weg, sondern nur durch ein wissenschaftliches Gutachten. Erst einmal wird sein Sperma dann verdünnt und in praktische Portionen verpackt. Tiefgefroren. Das halten die kleinen Dinger bei Verwendung der richtigen Einfrier- und Auftaumethode erstaunlich gut aus. Mit dem aufgetauten Sperma wird dann eine begrenzte Anzahl von Kühen besamt. Dann wartet man, bis die Nachkommen ihre Qualitäten gezeigt oder auch nicht gezeigt haben und entscheidet über das weitere Schicksal der Spermien und des Bullen. Ist die Milch- oder Fleischleistung der Nachkommen nicht so gut wie erwartet, ist das das Aus für den Bullen und für Milliarden von Spermien. Letztere werden höchstwahrscheinlich gesetzeskonform entsorgt, der Bulle landet auf dem Schlachthof. Ist das Ergebnis o. k., darf er weiter spenden bis ein besserer kommt oder bis er völlig überfordert seinen weiteren Dienst verweigert.

Eine plausible Begründung für die biologische Notwendigkeit eines Geschlechterverhältnisses von 1:1, wie es bei allen Wirbeltieren zu finden ist, gibt es nicht. Ohno[21] vermutet, dass trotz tiefgreifender Veränderungen in anderen Teilen des Genoms der Wirbeltiere während der Evolution nichts Besseres gefunden werden konnte. Vielleicht ist dies lediglich ein überlieferter Mechanismus von den Einzellern, die den 1:1-Sex vor dreihundert Millionen Jahren erfunden haben. Vielleicht bestand die Zweigeschlechtlichkeit sogar schon bevor die ersten Zellen sich in dem Urozean oder in dem Urteich aus ihren genetischen Einzelteilen und Proteinen formierten.

Viele Arten eliminieren die überschüssigen Männchen, indem sie sie z. B. wie die Bienen töten oder wie die Huftiere an den Rand der Gesellschaft drängen, wo sie keine oder eine sehr untergeordnete Rolle für den von einem anderen Männchen gehaltenen Harem spielen. Aus unserer menschlichen Sicht nehmen die vielen im Grunde überflüssigen XY-Männchen den XX-Weibchen doch nur die Nahrung und den Lebensraum weg. Auf der anderen Seite darf nicht verkannt werden, dass

[21] Ohno, S., The Development of Sexual Reproduction. In: Reproduction in Mammals, book 6, The Evolution of Reproduction, Edited by Austin, CR and Short RV, Cambridge University Press 1973

die Rivalitäten unter den Männchen auch zu Verletzungen bis hin zu Todesfällen führen können. In dem Falle muss schleunigst für Ersatz gesorgt werden, denn die Brunstzeit vieler Weibchen ist sehr kurz. Da sind dann die vorher zur Seite geschobenen untergeordneten Männchen plötzlich wieder gefragt. Und aus ihren Reihen wird es wiederum nur der stärkste schaffen sich durchzusetzen und von dem Harem aufgenommen zu werden. Das ändert zwar wenig an dem Männerüberschuss, ist aber ein wirksames Mittel zur Aufrechterhaltung einer bestimmten Gruppe von Individuen. Dieser Mechanismus ist auch unter vielen Primaten zu beobachten, spielt aber für den Menschen keine erkennbare Rolle. Da ist es eher so, dass die überschüssigen Exemplare sich in kriegerischen Auseinandersetzungen gegenseitig dezimieren.

Doch eine Spezies von Primaten geht mit diesem Problem anders und wie ich meine rationaler um. Es sind die Bonobos. Bonobos sind sehr eng mit den Schimpansen verwandt und wurden erst relativ spät als eigene Art erkannt. An die Stelle der Rivalitäten tritt bei ihnen die Promiskuität. Obwohl auch bei ihnen ein Geschlechterverhältnis von 1:1 herrscht, gibt es weniger Streit um die Weibchen als bei den Schimpansen. Die Streitigkeiten werden dadurch vermindert, dass jedes Männchen sexuell aktiv werden kann, weil jedes geschlechtsreife Weibchen ständig oder fast ständig sexuell bereit ist. Bei den Bonobos wirkt also, genau wie beim normal veranlagten Menschen, das Ausleben der Sexualität aggressionsmindernd.

Andere Arten haben im Laufe der Evolution weiter herumexperimentiert und alternative Strategien zur Zweigeschlechtlichkeit und zum Geschlechterverhältnis gefunden. Die unkomplizierteste Alternative scheint das Zwittertum (Hermaphroditismus) zu sein. Dies ist bei Fischen oft zu beobachten, kommt aber auch bei Eidechsen vor. Diese Arten haben zwei Typen von Geschlechtszellen im Bauch, die in einem Organ vereinigt sind. Es ist der Ovotestis, zu deutsch der Hodeneierstock. Und tatsächlich befinden sich in ihm sowohl männliche, als auch weibliche Geschlechtszellen.

Bei einigen Arten ist die weibliche Geschlechtszelle geschlechtsbestimmend. Das 1:1 Geschlechterverhältnis wird also auch bei ihnen nicht verändert. Praktischerweise ist nun der Besitzer dieses wertvollen Ovotestis mal Männchen und mal Weibchen. Das hängt von den Außenbedingungen ab. Gibt es in der Fortpflanzungszeit keine Männchen in der Umgebung, wandelt sich ein meist dominantes Weibchen in ein Männchen um und besorgt es den ehemaligen Geschlechtsgenossinnen. Ob der Nachwuchs dann XX- oder XY-Chromosomen hat, ist für seinen weiteren Lebensweg nicht entscheidend. Er ist nach beiden Seiten offen. Die Besitzer eines Ovotestis üben für gewöhnlich nicht die Kunst der Selbstbefruchtung, obwohl auch dies in seltenen Fällen bei anderen Arten beobachtet worden ist. Sie hätte eine eingeschränkte genetische Flexibilität zur Folge, da beide Geschlechtszellen die gleiche genetische Ausstattung hätten, was sicherlich besser vermieden werden sollte. Normalerweise sind die beiden möglichen Geschlechtsphasen sorgsam voneinander getrennt, sodass immer eine Fremdbefruchtung erfolgen muss. Dadurch wird die genetische Basis verbreitert, genau wie bei den Tieren, bei denen die männlichen und weiblichen Geschlechtszellen in verschiedenen Individuen ein Zuhause gefunden haben.

Eine andere Strategie ist die Einschaltung einer parthenogenetischen Generation in den Fortpflanzungszyklus. Diese Alternativen werden in den Kapiteln „Parthenogenese" und „Knospung" anschließend unten besprochen. Hierbei werden bei den meisten parthenogenetischen Arten über viele Runden hinweg nur Weibchen produziert. Das ist ungemein nützlich für den Aufbau einer großen Population, hat aber den Nachteil der fehlenden genetischen Flexibilität, sie sind homozygot im Gegensatz zu den heterozygoten Nachkommen einer sexuellen Fortpflanzung.

***

Knospung

Der Name Knospung klingt sehr botanisch. Eine Knospe verbindet man eher oder ausschließlich mit einer Pflanze. Tatsächlich ist dieser Begriff von Zoologen auch aus der Gärtnerei entliehen worden.

Gehen wir zurück zu dem Polypen der Ohrenqualle, der sich nach der Produktion von untertassenförmigen Miniaturmedusen und nach deren Erwachsenwerden sexuell durch die Vereinigung der von der Meduse hervorgebrachten Ei- und Spermienzellen fortpflanzt. Andere Polypen können aber auch an ihrer Körperseite eine Knospe ausbilden und sie wenig später als winziges neues Tierchen abschnüren. Dabei wird der Teil übergangen, der bei der sexuellen Fortpflanzung so wichtig ist: die Halbierung der doppelt angelegten Bibliothek und ihre Zusammenführung mit der halben Bibliothek eines Partners anderen Geschlechts. Der neue Sprössling, beziehungsweise Knöspling, bekommt gleich von „Geburt" an einen doppelten Chromosomensatz, eine Doppelbibliothek, mit auf den Weg. Er ist diploid, ein Diplont, und muss keinen Sexpartner in Form einer Eizelle oder eines Spermiums finden. Ein solcher Unterschied in der Strategie der Fortpflanzung kann natürlich nicht ohne Folgen bleiben und auch nicht ohne Grund vonstatten gehen. Schon gar nicht solche fundamentalen Dinge. Die Entstehung eines Polypen durch Knospung aus der Körpermasse eines „Eltern"tieres führt nicht zu einem völlig neuen Wesen mit neuen Eigenschaften, wie es bei der Vereinigung, oder besser gesagt, der Kopulation, von Eizelle und Spermium der Fall ist. Die Knospe ist genetisch gesehen eine exakte Kopie des Organismus, von dem sie gebildet worden ist, sie ist also ein Klon.

Worin bestehen denn nun die Vor- und der Nachteile einer solchen Vermehrungsstrategie? Der Vorteil besteht darin dass diese Form der Vermehrung durch das Überspringen der geschlechtlichen Phase bei vielen Tieren sehr schnell zu einer Erhöhung der Individuenzahl führen kann. Die mit der Partnersuche verbundenen Risiken wie Nichtfinden eines geeigneten Partners, die Exposition gegenüber feindlich gesinnten Artgenossen oder Räubern anderer Arten, entfallen dabei weitgehend. Die Fähigkeit zur sexuellen Fortpflanzung bleibt davon unberührt. Auch das Knospenkind kann später haploide Geschlechtszellen ausbilden, die sich dann sexuell vereinigen und dann zu einem diploiden Individuum werden. Diese neuen Individuen sind dann aber keine bloßen Kopien, also keine Klone ihrer Eltern, sondern haben von diesen unterscheidbare neue Eigenschaften. Warum? Weil hier zwei halbe Bibliotheken zu einer neuen ganzen vereinigt werden, die neue Kapitel, Seiten, Absätze, Sätze, Wörter und Buchstaben hat. Und auch das Öffnen und Verschließen der Seiten funktioniert anders als bei den Eltern.

***

Parthenogenese (Jungfernzeugung)

Flug, bei dem bei bestimmten Staaten bildenden Insekten
(Bienen, Ameisen, Termiten) die Königin begattet wird
Duden, Suchwort: Hochzeitsflug

Die Bezeichnung Jungfernzeugung ist nach meiner Auffassung ein totaler Fehlgriff. Ein unvorbelasteter Leser mag hierunter die Erzeugung von Jungfern, gleich welcher Spezies oder Kategorie, verstehen. Der Wortteil „Jungfer-" suggeriert natürlich, dass es sich um ein Weibchen oder eine Frau handeln müsse, was mitnichten der Fall sein muss. Und der zweite Wortteil, „Zeugung", wird leicht mit dem Zeugungsvorgang bei der Kohabitation oder Kopulation in Verbindung gebracht, was ebenfalls nicht im Geringsten zutrifft. Halten wir uns daher lieber an die wissenschaftliche Bezeichnung „Parthenogenese", die zwar dasselbe bedeutet, aber durch ihre griechische Herkunft weniger zu dieser falschen Annahme verleitet.

Bekannt ist die Parthenogenese bei den Blattläusen. In der warmen Jahreszeit vermehren sich Blattläuse überwiegend ungeschlechtlich. Die Weibchen bringen ohne die Zutaten, die ein Männchen gewöhnlich in seiner Schatztruhe für seine Auserwählte bereithält, täglich drei bis sechs lebende Junge zur Welt. Im Handumdrehen kann so sehr schnell eine riesige Population aufgebaut werden. Eine Populationswelle folgt der nächsten. Wir alle kennen die Bilder aus unserem Garten oder aus dem der Großmutter. Plötzlich sind die Margeriten, die Johannisbeeren und Holunderbüsche voller Blattläuse. Sogar die zähen Schilfstängel werden nicht von ihnen verschont. Das geht schneller als man gucken kann und wenn man sie absammelt oder abbürstet sind ein paar Tage später wieder genauso viele wie oder sogar mehr Läuse auf der Pflanze als vorher.

Das Tolle ist: es sind alles Weiber! Und diese Weiber sind alle eine exakte Kopie ihrer Erzeugerin. Ein Zusammenlegen der Bibliotheken einer männlichen und einer weiblichen Sexzelle musste nicht und hat auch nicht stattgefunden. Sie sind Klone der Mutter. Ein Phasenwechsel hat natürlich auch nicht stattgefunden, weshalb wir auch hier nicht von einem Generationswechsel sprechen können. Ganz im Gegenteil. Genau genommen sind sie auch nicht die Töchter ihrer Erzeugerin, sondern ihre Klone, denn sie sind genetisch nicht von ihrer Erzeugerin unterscheidbar. Wenn also die Erzeugerin (das Wort „Mutter" kommt mir irgendwie nicht über die Lippen) einmal angenommen nur 5 statt ihrer normalen 6 Beine hatte und dies genetische Ursachen hat, dann werden auch alle ihre durch Parthenogenese geborenen Klone nur 5 Beine haben. Ein harmloser Verlust, denn Blattläuse bewegen sich äußerst träge. Auch mit 5 Beinen kämen sie gut zurecht, zumal die meisten Blattläuse fürsorglich von Ameisen gepflegt und gegen Feinde verteidigt werden.

Die Vorteile dieser Vermehrungsart sind nicht bezweifelbar. Sie liegen nicht nur darin begründet, dass kein Partner gesucht werden muss und die üblichen Hochzeitsformalitäten eingespart werden können. Dadurch, dass keine Männchen produziert werden, das normale Geschlechterverhältnis von 1:1 also nicht entsteht, ergibt sich eine Quasi-Verdoppelung der Population gegenüber einer Population mit sexueller Fortpflanzung. Gegenüber einer Blattlauskolonie mit sexueller Fortpflanzung kann sich eine Jungfernkolonie sogar vorteilhaft durchsetzen, d.h., sie durch ihre schiere Anzahl an den Rand drängen. Auf diese Art kann eine Blattlauskolonie eine Population aufbauen, die an diese eine Pflanzenart bestens angepasst ist und mit deren Abwehrmechanismen sie problemlos fertig geworden ist. Doch einen Nachteil hat diese Vermehrungsart im Schnelldurchgang. Werden sie vor neue Herausforderungen gestellt, zum Beispiel mit Insektiziden konfrontiert, kann das schnell das Ende der gesamten Population bedeuten, denn sie sind nicht durch Rekombination ihrer Gene mit unterschiedlichen Eigenschaften ausgestattet. Eventuell können sie dann mit dem neuen Problem wie es Blattläuse können, die aus einer sexuellen Vereinigung von Eizelle und Spermium hervorgegangen sind, nicht fertig werden. Sie haben nämlich alle die gleichen Gene.

Auf längere Sicht geht es einer Population von Blattläusen, die aus einer sexuellen Vereinigung hervorgegangen sind, aber doch besser. Wird eine solche Kolonie mit Insektiziden besprüht, sind vielleicht einige Individuen darunter, die aufgrund einer genetischen Varianz dagegen resistent sind. Wenn auch die meisten ihrer Mitsauger dem Gift zum Opfer fallen, so können doch die resistenten ihre Gene an ihre Nachkommen weitergeben. Auf lange Sicht ist also die sexuelle Fortpflanzung die bessere Alternative. Sie bieten unserer chemischen Industrie dann die willkommene Chance, neue Mittel zu synthetisieren, die dann auch die resistenten Sauger töten und diese Mittel dann gewinnbringend zu verkaufen.

Doch nicht nur die Industrie plant ihre Attacken auf die Läuschen, auch die Läuschen „planen" ihr Überleben trotz Chemie. Sie erzeugen eine neue Nachkommenschaft, aber das tun sie mit einem für diese neue Nachkommenschaft einschneidenden Hintergedanken. Die ungeflügelten Sauger bilden nämlich plötzlich Eier mit männlichen und weiblichen Chromosomen aus, etwas was sie vorher nicht getan haben, und auch nicht nötig hatten, weil es sich ja auch ohne Männer ganz gut leben lässt. Aber jetzt plötzlich wollen sie heiratsfähige Nachkommen beiderlei Geschlechts haben. Die Anlage dazu bekommt die letzte durch Parthenogenese geborene asexuelle Form von ihren Vorgängern mit auf den Weg, die sie so reichlich beschenken, dass es für eine Auswanderung reicht. Und dieses Geschenk befähigt sie zu einer abenteuerlichen Luftreise. Es sind wunderbar zarte und durchsichtige Flügel, fast zu schön, um sie wirklich den Gefahren einer weiten Luftreise auszusetzen.

Die nun geflügelten fortpflanzungswilligen Blattlausmänner und -weiber suchen sich flatternd einen Partner weit weg von ihrer heimatlichen Pflanze. Irgendwie sieht die ganze Aktion furchtbar ziellos und dilettantisch aus, denn sie sind bei ihrem Hochzeitsflug der Witterung total ausgesetzt. Einer Windstärke über 1 -2 haben sie nichts entgegenzusetzen. Sie müssen sich vom Wind treiben lassen. Trotzdem gelingt es ihnen manchmal, als Wolke aus lauter kleinen Flatterläusen zusammenzubleiben. Abstürze sind relativ selten und enden fast immer folgenlos. Die Hochzeit findet in einer fernen Welt, d.h.: auf einer fernen Pflanze, ohne die Eltern statt. Irgendwie hat das was von Undankbarkeit an sich, denn ihre Eltern haben sich ganz schön abrackern müssen, um endlich eine solche beflügelte Nachkommenschaft hervorzubringen. Andererseits können die Eltern nun aufatmen, da sie von nun an etwas mehr Platz auf ihrer Pflanze haben.

Doch ungefährlich ist diese Hochzeitsreise für sie keinesfalls. Durch ihre nicht gerade berauschenden Flugkünste bieten sie insektenfressenden Vögeln ein leichtes Ziel. So verschwinden Tausende von ihnen in den Schnäbeln hungriger Fliegenschnäpper, Grasmücken oder Rotschwänzchen, bevor der Rest sich dem Liebestaumel hingeben kann.

Die glücklichen Überlebenden aber können sich auf ihre Kopulation freuen, denn sie haben mittlerweile die unverzichtbaren Sexzellen ausgebildet. Und nun kommt es endlich zum richtigen Sex zwischen den Geschlechtszellen, die bereits eine neue Generation darstellen, weil ein Phasenwechsel von diploid auf haploid stattgefunden hat, d.h.: die diploide Vorgängergeneration produziert nun haploide Sexzellen. Das Leben der neuen sexuellen Generation ist nur kurz. Gleich nach der Vereinigung sind sie bereits wieder die asexuellen Langweiler. Aber: lohnt es sich nicht für Sex seine Individualität aufzugeben?

Wenn wir das Postulat anerkennen, dass zu jedem Generationswechsel zwingend ein Phasenwechsel gehört, dann können wir erkennen, wie einförmig die grundlegenden Vermehrungsmechanismen der Tiere auf diesem Globus sind. Dann sind die verschiedenen bisher als eigenständige Generationen betrachteten asexuellen Formen der Blattläuse, der Quallen und der Leberegel, um nur einige Beispiele zu nennen, lediglich „Scheingenerationen".

Die Natur ist gegen eine solche Blattlausinvasion aber auch nicht machtlos. Einem Marienkäfer, einer Schwebfliegenlarve oder einer Florfliege kann es egal sein, wie resistent das kleine Läuschen gegen chemische Mittel ist. Es wird es mit dem größten Appetit verspeisen. Dagegen haben die Blattläuse kein probates Mittel. Da zeigt sich die Überlegenheit der biologischen Schädlingsbekämpfung.

Die geflügelte Nachkommenschaft fliegt aber noch einem weit größeren Risiko entgegen: Die Wahrscheinlichkeit ist groß, dass sie gar nicht auf einer passenden Pflanze landen, sondern auf einer solchen, mit deren Abwehrmechanismen sie einfach nicht zurechtkommt. Oder auf einem riesigen, frisch umgepflügten Acker. Dann sind die Aussichten auf ein Happy End sehr düster.

Das Schicksal der aus einer sexuellen Vereinigung von Eizelle und Spermium hervorgegangenen Blattlaus ist auch nicht sehr viel gewisser. Im Glücksfall hat sie neue Eigenschaften, die ihr den Befall einer anderen Pflanzenart, Unterart, Rasse oder Varietät erlauben, bei der die Klon-Blattläuse weniger Chancen hätten. Wenn sie aber Pech hat, was meistens der Fall ist, dann nützt ihr das wenig, weil ihre neuen Fähigkeiten nicht von Vorteil sind. Die neue Generation schafft es nicht, sie stürzt ab und wird nicht wieder gesehen. Aber auch das ist nicht tragisch für die Existenz der jeweiligen Art, denn irgendeiner der vielen Versuche, neue Eigenschaften hervorzubringen, wird dann schon irgendwann erfolgreich sein. Die Gene müssen nur lange genug durcheinander gewürfelt, verschlossene Seiten geöffnet werden, dann wird irgendwann auch ohne Mutation eine neue, erfolgreiche Generation entstehen können. Albert Einstein sagte zwar: "Gott würfelt nicht" aber die Natur tut es tagtäglich. Irgendwann gibt es dann doch mal einen Dreimal-Sechser-Wurf und der große Gewinn ist da. Eine Einschränkung gibt es jedoch bei dem Glück per Würfel: Der Sechser ist nur dann ein echter Sechser, wenn er in die Umgebung, die Umwelt des Organismus passt, der gerade den Wurf gemacht hat. Ein bunteres Gefieder nützt einem Vogel, der in der offenen Landschaft lebt und sich eigentlich tarnen muss, überhaupt nichts. Es ist wahrscheinlich sogar nachteilig, weil seine Feinde ihn besser ausmachen können, als seine blasseren Artgenossen. Bildet dagegen ein Waldvogel ein geringfügig bunteres Gefieder als seine Artgenossen aus, dann kann dies für die Partnerwerbung von Vorteil sein und seine Nachkommen haben höhere Überlebenschancen.

***

Parthenogenese bei Wirbeltieren?

I know two things about the horse,
one of them is rather coarse.
zit. n. R. V. Short

Wir sind es gewohnt, die Fortpflanzung immer mit der Vereinigung von Eizelle und Spermium in Verbindung zu bringen. Wir Menschen selber und alle uns umgebenden Haus- und Kuscheltiere und auch die Tiere im Zoo machen es so. Bisher haben wir nur sehr einfache Lebensformen mit Parthenogenese kennengelernt. Es überrascht ein wenig, dass auch Wirbeltiere Nachkommen auf nichtsexuellem Weg produzieren können.

Ausgerechnet ein den Aquarianern gut bekannter Fisch, der lebendgebärende Molly aus Texas und Mexico, kann mit dieser Besonderheit aufwarten. Einen männlichen Molly wird man vergeblich suchen, denn die gesamte Population besteht aus Weibchen. Doch auch diese besonderen Weibchen können ohne Kopulation mit einem Männchen keine Nachkommen erzeugen. Also doch keine Parthenogenese? Sie wenden jetzt mit Recht ein, dass es ja auch gar keine Männchen gibt. Stimmt. Es gibt bei dieser Art keine Männchen. Jetzt wird der aufmerksame Leser schlussfolgern, dass es sich um eine Hybridisation handeln wird. Stimmt auch nicht, aber eine nahe verwandte Art hat Männchen, die sich mit den Mollyweibchen paaren können. Sie gehen einfach fremd, und das auch noch mit Weibchen einer anderen Art. Sieht ganz normal wie bei jeder Paarung aus, ist es aber nicht, denn das Mollyweibchen hat keine haploiden Eier im Bauch, sondern ihre Eier sind diploid. Das ist auch zugleich der Clou bei diesem Fischchen, denn normalerweise erzeugen Fische haploide Eier. Die Spermien des fremden Männchens befruchten nun nicht die Eizelle des Mollyweibchens, sondern induzieren lediglich seine Zellteilung und damit die Ausbildung einer neuen parthenogenetisch erzeugten, diploiden Nachkommenschaft.

Seitens der Männchen ist dies ein klarer Fall von Sexualparasitismus. Männer! Doch eines muss man den Männchen zugute halten: Sie nützen diesen Weibchen und tragen zur Erhaltung von deren Art bei.

Auch bei einem anderen Fisch aus dieser Region hat man eine parthenogenetische Fortpflanzung beobachtet.

Aber damit noch nicht genug. Auch in der darüberstehenden Klasse der Reptilien gibt es einige Arten mit Parthenogenese. In Arizona und New Mexico gibt es zwei Arten von Eidechsen, zwischen denen es regelmäßig zu Hybridisationen kommt. Diese Hybriden bringen ebenfalls eine Nachkommenschaft hervor, die aus diploiden Eiern parthenogenetisch entsteht. Da die Hybriden steril sind, d.h.: da ihre diploiden Eier nicht befruchtet werden können, entgehen sie somit durch Parthenogenese einer Extinktion.

Nicht weniger verwunderlich ist die Beobachtung von Geflügelzüchtern. Beschickt man einen Brutapparat mit einigen tausend Eiern von jungfräulichen Hennen, dann werden sich einige von ihnen trotz fehlender Befruchtung zu Embryonen, manche sogar zu ausgewachsenen Hennen entwickeln. Als Ursache hierfür wird die Vereinigung der weiblichen Eizelle mit dem Polkörperchen, das bei der Bildung der Eizelle aus ihrer diploiden Vorstufe eigentlich als Nebenprodukt erscheint, angesehen. Dadurch sind die Eier diploid. In einigen Fällen konnte man diese parthenogenetische Entwicklung mit der Infektion der Eier durch ein onkogenes Virus in Zusammenhang bringen. Die männlichen Tiere sterben alle, da ihre Genkombination letal (tödlich) ist. Ein weiterer Beleg dafür, dass Triploidie bei Säugern tödlich ist. Bei Pflanzen ist das anders. Bei einigen Arten wurde bewusst vom Menschen eine Polyploidie hineingezüchtet. Besonders eignen sich hierzu die Brassicaceen (Kohlgewächse), die von Natur aus zur Polyploidie neigen und dabei gut und sogar kräftiger gedeihen, als ihre diploiden Brüder und Schwestern.

Doch Vögel können noch mehr. In Einzelfällen wurden sogar triploide Küken gesehen. Die sind dann wohl aus der diploiden Eizelle und einem haploiden Spermium hervorgegangen. Bei Säugetieren ist ein triploider Chromosomensatz offenbar letal. Interessanterweise hat man bei menschlichen Feten, die früh vom mütterlichen Körper abgestoßen wurden, einen nicht unerheblichen Prozentsatz von triploiden Wesen gefunden.

Pferde sind immer für eine Überraschung gut. Stuten brauchen oft mehrere Ovulationszyklen, bevor sie tragend werden. Nur das befruchtete Ei erreicht den Uterus. Die nicht befruchteten Eier bleiben im Eileiter stecken und entwickeln sich manchmal auch ohne Befruchtung, also parthenogenetisch, weiter, bis sie dann schließlich degenerieren und absterben. Das kann bis zu siebeneinhalb Monate dauern. Das befruchtete Ei, inzwischen zur Morula, einer kleinen Beere geworden, springt auf dem Weg in den Uterus auf wundersame Weise über die im Eileiter steckenden unbefruchteten Eier hinweg. Wie das geschieht, ist ein komplettes Wunder.

Parthenogenese ist also selbst bei einem so komplexen Tier wie dem Pferd zumindest prinzipiell möglich.

Dem einschlägigen Schrifttum zufolge, das sich der wissenschaftlichen Nachprüfung entzieht, ist diese Form der Fortpflanzung bisher beim Menschen nur ein einziges Mal und auch das schon vor sehr langer Zeit beobachtet worden. Sie ist als unbefleckte Empfängnis in das Schrifttum eingegangen. Hiernach könnte Maria ohne Beischlaf zu ihrem kleinen Jesulein gekommen sein. Parthenogenese wäre also eine Denkmöglichkeit. Falls er ohne Vereinigung von Eizelle und Spermium ins Leben gerufen worden ist, könnte Jesus der erste und bisher einzige Klon in der Menschheitsgeschichte gewesen sein.

***

Den richtigen Riecher haben

A frequent claim about scent is that it can trigger memory over many decades [22].

Der Geruchssinn ist ein chemischer Sinn, mit dem bereits Einzeller miteinander kommunizieren, ihre Nahrung finden und vor Feinden oder anderen adversen Bedingungen gewarnt werden. Auch die Zellen in unserem vielzelligen Körper funktionieren zum großen Teil so und für Adam und Eva, unsere sexuelle Generation, ist der chemische Sinn absolut lebensnotwendig. Vielleicht übertreibe ich etwas, wenn ich bei diesen kleinen Einzellern von Geruch spreche, denn sie haben ja keine Nase mit den dazugehörigen Riechzellen. Aber sie können durch ihre Zellmembran hindurch doch Stoffe in ihrer Umgebung wahrnehmen und darauf in sinnvoller Weise reagieren. Forscher tun dies als reine Mechanik, Chemotaxis, ab. Nach dieser Lehre ist keine irgendwie geartete Absicht dahinter. Doch wenn man ein Spermium bei der Suche nach einer Eizelle beobachtet, dann verhält es sich genauso wie ein Raubfisch oder ein Seestern oder sonst ein aquatisches Tier, das einer Duftspur hin zu seiner Beute - oder auch zu seinem Sexualpartner - folgt. Genau wie diese folgt Adam einem Duft-Konzentrationsgefälle. Wo ist der Unterschied zu unseren kleinen Einzellern? Alles das, was der Fisch, die Schnecke oder der Seestern mit seinen Sinnesorganen, Muskeln und Nerven zuwege bringt, schafft unser einzelliger Winzling auch. Nimmt die Intensität des Duftes ab, wird er eine andere Richtung einschlagen, um wieder eine stärkere Spur zu finden. Bei höheren Tieren geht das natürlich auch über den Luftweg. Ich denke dabei an einen Jagdhund auf der Hasenspur. Vergleichbares kann unser Zwerg natürlich nicht, weil die Luft für ihn ein tödliches Element ist. Und auch das, was Tiere anstellen, wenn sie ihre Beute oder ihren Sexualpartner nicht riechen können, nämlich dass sie sie oder ihn hören oder sehen, geht unseren einzelligen Vorfahren ab. Auf Hören und Sehen können sie erst einmal gut verzichten. Sie brauchen es nicht. Die Vorrichtungen dafür induzieren sie einfach während der Entwicklung der von ihnen aufgebauten Organismen, dem vielzelligen Menschen oder anderen vielzelligen Wesen.

Dagegen treten auch beim Vielzeller der optische und der akustische Sinn weit zurück. Primitive Würmer können nur hell und dunkel unterscheiden und sich kein optisches Bild von ihrer Umgebung machen. Das reicht vielleicht für das Würmchen aus um festzustellen, ob es sich über oder unter der Erde befindet. Möglicherweise auch noch um den Schatten einer Amsel wahrzunehmen, die das Würmchen im frühen Morgengrauen frühstücken möchte. Schnecken können mit ihren Becheraugen anscheinend die Richtung erkennen, aus der das Licht kommt, mehr aber auch nicht. Sie sind in dieser Hinsicht auch nicht viel besser dran als der Wurm. Da können sie nur von Glück sagen, dass Schnecken für die meisten Tiere ungenießbar sind. Aber riechen können alle diese „niederen" Tiere fantastisch gut. Es ist richtig, dass die Evolution im Laufe der Jahrmillionen immer perfektere optische Fähigkeiten hervorgebracht hat. Sie ermöglichen bei höheren Wirbeltieren die Wahrnehmung einer dreidimensionalen Umgebung. In Farbe

---

[22] Gilber A.N. und Wysocki C.J, Nat Geogr Mag 172/4, 1987

oder schwarz-weiß. Aber überflüssig werden der chemische und der akustische Sinn deshalb noch lange nicht. Einmal abgesehen von total blinden Fischen und Amphibien, die in dauernder Dunkelheit leben und deshalb keinen optischen Sinn gebrauchen können, gibt es sogar unter den höheren Tieren blinde oder fast blinde Spezies. Sie kennen sie alle: Maulwürfe, Blindmullen, Grottenolme, Höhlenfische, etc. Bei ihnen gewinnt der chemische Sinn überproportional an Bedeutung. Doch ihre Vorfahren hatten einen optischen Sinn. Er wurde nur zurückgebildet, weil er in der Höhle nicht von Nutzen war. Jedoch ist der Geruchssinn dieser Tiere so fein, dass z. B. das Anfassen einer Wühlmausfalle mir den bloßen Händen den kleinen schwarzen Wühler zuverlässig davon abhält, in die Falle zu tapsen. Die kümmerlichen Augen eines Maulwurfs sind nicht viel besser als die einer Schnecke und sagen Herrn oder Frau Grabowski höchstens, ob es Tag oder Nacht ist oder ob vielleicht ein Bussard, der noch nicht gefrühstückt hat, als vage wahrgenommener Schatten über ihm schwebt.

Den meisten Vögeln spricht man einen Geruchssinn schlichtweg ab. Ganz logisch erscheint mir das nicht, weil in der Reihe ihrer Vorfahren, oder zumindest deren Verwandten, Reptilien mit ausgezeichnetem Geruchssinn stehen. Ich denke da besonders an Warane, die die Spur ihrer Beute mit ihrem Geruchssinn präzise verfolgen können. Auch Schlangen sind Meister im Verfolgen von feinsten Geruchsspuren. Unter den Vögeln sagt man Geiern einen guten Geruchssinn nach. Andererseits muss der Geruchssinn der Geier gar nicht so gut sein, weil das tot auf der Seite liegende Flusspferd in der Tropenhitze schon nach kurzer Zeit zehn Meilen gegen den Wind stinkt.

Alle Vögel haben einen hervorragenden optischen Sinn, der den Geruchssinn ganz überwiegend ersetzt. Auch beim Geier ist das so. Sieht ein Geier seinen 1000 Meter entfernten nächsten Nachbarn plötzlich zu Boden sausen, dann handelt es sich erstens um die optische Wahrnehmung eines Kadavers durch den ersten, und zweitens um die optische Wahrnehmung des Sturzfluges durch den zweiten Geier. Beutesuche, Partnersuche, Demonstrationsverhalten: Alles ist auf das Sehen abgestellt. Und beim Paarungsverhalten ist fast immer alles auf Show eingestellt. Da blitzen die Farben und Signale, dass es eine wahre Pracht ist.

Erinnern wir uns jedoch an die Bezeichnung chemischer Sinn, dann muss außer dem Geruchssinn auch der Geschmackssinn mit einbezogen werden. Und über *einen* von beiden Variationen des chemischen Sinnes verfügen meines Erachtens alle tierischen Wesen. Der Beweis bleibt aber noch zu erbringen, denn wer wollte schon alle Tierspezies dieser Erde auf ihren Geschmacks- und Geruchssinn überprüfen? Wenn auch die meisten Vögel vielleicht nicht oder kaum riechen können, schmecken können sie meist sehr gut. So weiß zum Beispiel der Greifvogelpfleger, dass der in Gefangenschaft verwöhnte Falke, Adler oder Habicht eine Taube lieber frisst, als ein Kaninchen, einen Maulwurf oder ein Meerschweinchen. Wie ein Maulwurf oder ein Meerschweinchen schmeckt, habe ich noch nicht probiert. Meerschweinchen werden in Südamerika frisch vom Grill an Markständen angeboten wie bei uns die Brathähnchen. Doch die Taube schmeckt dem Greifvogel offenbar besser als der neuweltliche Nager. Haben Sie, lieber Leser, schon mal Taube probiert? Ist echt lecker! Dagegen ist das Kaninchen fade im Geschmack und muss durch Kräuter erst einmal richtig genießbar gemacht werden. Und weil der Habicht, obwohl schlau, die Rezepte nicht lesen kann und auch die richtigen Kräuter nicht kennt, hat er auf Position eins seines Speiseplans Tauben stehen. Die erspäht er mit seinen superscharfen Augen auch noch auf große Entfernung. Für ihn ist die Erfindung des bildhaften, dreidimensionalen Sehens eine großartige Gabe der Natur.

Delphine können zwar ausgezeichnet sehen, aber ihre Beute finden sie genauso gut mit verdeckten Augen. Ihr Ultraschallsystem ist sogar noch viel leistungsfähiger als ihr optischer oder chemischer Sinn, denn sie können damit in das Innere von anderen Tieren hinein„sehen". Auch Fledermäuse gebrauchen ihre Augen kaum. Sie orientieren sich, wie die Delphine, durch Ultraschall, also akustisch. Andere Tiere kommunizieren mit Hilfe des Infraschalls: die Wale, Krokodile und Elefanten. Kombiniert mit der Fähigkeit eines Tieres passende Schallsignale zu erzeugen, wird also in vielen Fällen das Auge durch das Ohr ersetzt. Könnte das bedeuten, dass der akustische Sinn im Allgemeinen eine größere Bedeutung hat als der optische? Beide gehören zu den sogenannten Fernsinnen. Der akustische Sinn hat dabei noch den Vorteil, dass er auch „um die Ecke" funktioniert, was der optische Sinn nicht zu leisten vermag. Der Waldbewohner, z.B. der Waldelefant, kann sowohl seine Freunde als auch seine Feinde im dichtesten Dschungel hören und dank seiner beiden als Stereoanlage ausgelegten Riesenohren einigermaßen präzise orten. Sehen kann er nicht gerade gut, braucht er im Wald auch gar nicht, weil er vor lauter Bäumen ja doch den Wald sowieso nicht sieht. Aber sein Geruchssinn ist überragend gut. Er spielt in der Kommunikation zwischen den Individuen, besonders zwischen den Geschlechtern, eine große Rolle.

***

Die Außerirdischen

„Not two species" he said, *„ but two forms of one species"*[23]

Niemand kann mit Sicherheit sagen, wie extraterrestrisches Leben, das mit hoher Wahrscheinlichkeit irgendwo in den Weiten des Weltraums existiert, entstanden sein könnte. Niemand kann eine nach dem heutigen Stand wissenschaftlich begründete Auffassung darüber vorweisen, wie diese Wesen aussehen und funktionieren würden und ob es unter ihnen intelligente Wesen geben würde. Ich denke, dass wir uns von den gängigen Vorstellungen endgültig verabschieden müssen. Die Chance, dass sie menschenähnlich sein würden, ist fast gleich Null. Jetzt denke ich gerade an den wunderbaren Thriller von Michael Crichton „Prey", in dem Nanopartikel Formen von hochorganisierten Lebewesen annehmen können. Sie sind Hybriden aus genetischem Material und elektronischen Grundbausteinen. Sie können in diesem Thriller aufgrund ihrer biologischen Komponenten sogar evolutionieren, und dieses rasend schnell, weil sie nanoelektronische Bauteile enthalten. Sie können den Menschen, der sie einmal geschaffen hat, glatt in den Sack hauen was in dem Roman auch geschieht. Aber letztendlich siegt ja in jedem Roman immer das Gute und das ist nun einmal der Mensch wie wir alle ihn kennen und lieben.

Bleibt die Frage, ob die Außerirdischen oder unser Nachfolger in 200 Millionen Jahren nach einem Totalzusammenbruch der Zivilisation auf unserer Erde eine Fortpflanzung haben würden, wie wir sie heute von uns und unseren tierischen und pflanzlichen Mitkreaturen kennen. Also mit der Produktion von Geschlechtszellen, die ihren Chromosomenschatz, der alle Informationen für das weitere Leben enthält, untereinander austauschen. Das würde ihnen zweifellos eine sichere Grundlage für die Anpassung an sich verändernde Umweltbedingungen geben. Unter einer Vielzahl von Versuchen würden sich in regelmäßigen Abständen immer wieder wahre Erfolgswesen entwickeln. Und auch Mutationen in der DNA würden hin und wieder in dieser Richtung wirken. Aber es würde auch gerade bei den Mutationen mehr Nieten als Gewinner geben. Trotzdem führt dieser Mechanismus am Ende zu einem positiven Resultat, weil die Nieten aussterben und die Gewinner ihre überlegenen Eigenschaften ausspielen und an ihre Nachfahren weitergeben können.

Es ist nicht zwangsläufig zu erwarten, dass unsere intelligenten Nachfolger die gleichen Wege in der Fortpflanzung gehen werden, die wir Menschen gegangen sind. Sehen wir uns im Reich der heutigen Lebewesen um, dann gibt es schon einige Alternativen. Bei den hypothetisch immer wieder angenommenen außerirdischen Intelligenzen aus den Weiten des Weltalls könnten durchaus völlig andere Mechanismen in der Fortpflanzung üblich sein. Ich denke da eine Story von Alain Derémieux[24], in dem sich die Allbewohner durch Knospung oder

---

[23] Asimov I: What is this thing called love? In: Sex in the 21st century , Granade publishing London, Toronto, Sydney, New York 1979.

[24] Derémieux A: The Vana, in: Sex in the 21st century , Granade publishing London, Toronto, Sydney, New York 1979.

Parthenogenese fortpflanzen. Eine solche Art der Fortpflanzung ist auch für höhere Wesen aus dem All nicht absolut undenkbar.

Der Vorgang der Knospung ist keine weit hergeholte oder spinnerte Erfindung von Derémieux. Sie ist, wie weiter oben dargestellt, tatsächlich in der Tierwelt zu finden, ist aber beim Menschen, jedenfalls bisher, noch nicht mit wissenschaftlichen Methoden nachgewiesen worden. Über die diesbezüglichen Fähigkeiten eventuell existierender vernunftbegabter Wesen, die in den Tiefen des Universums existieren könnten, wissen wir heute rein gar nichts. Ist ja auch insofern logisch, da wir nicht einmal wissen, ob es sie gibt und wenn es sie gäbe wüssten wir nicht wie sie aussehen und wie sie auf ihrem heimatlichen Gestirn lebten.

Die Knospung hat mit der Parthenogenese gemein, dass der Phasenwechsel entfällt. Bei der Knospung ist keine Paarung, kein Beischlaf, keine Kohabitation erforderlich. Es gibt demzufolge auch keinen Generationswechsel.

Knospung ist ein etwas unglücklich gewählter Begriff, denn bei diesem Vorgang ist es völlig schnuppe, ob der Knospenlieferant weiblich oder männlich oder nichts von beiden oder beides zugleich ist. Einige wenige Zellen würden so programmiert, dass sie im oder am elterlichen Organismus eine separate Einheit bilden, die aber noch mit dem Elternteil verbunden ist und von ihm noch so lange versorgt werden muss, bis sie lebens- und überlebensfähig geworden ist. Dann könnte sie den elterlichen Leib auf völlig undramatische Weise verlassen und eine eigene Karriere aufbauen. Der Vorteil der Knospung ist evident. Man braucht sich keinen Partner zu suchen und wertvolle Zeit mit Liebesspielen vertun. Könnte dies ein Vorbild für eine neue Zivilisation sein? Schon heute verschlingen die Heimcomputer einen Großteil unserer Freizeit. Die Zeit für eine Partnersuche reduziert sich dadurch nicht unerheblich (doch auch darauf hat die IT-Branche schon reagiert: Es gibt heute mehr Partnerbörsen als je zuvor).

Der Sprössling des zur Knospung befähigten Außerirdischen oder Nachfolgers der heutigen Menschen würde so ganz nebenbei und fast unbemerkt wachsen, wenn der Elternteil ein bestimmtes Erwachsenenstadium erreicht hat. Und ebenso undramatisch würde sich seine Geburt abspielen. Vielleicht säße sein Elternteil gerade bei der Arbeit an einem Großrechner, wenn der neue Mitbewohner aus seinem Inneren entweicht oder sich von dessen Außenhaut losmacht und davonmarschiert oder -glitscht. Weil Knospenkinder keine elterliche Pflege brauchen, kümmert sich der oder die Alte überhaupt nicht um seinen Sprössling und wendet sich weiter seiner Arbeit zu. Das ist sehr vorteilhaft, weil kein Mitglied dieser Gesellschaft in Schwangerschafts- und Mutterschaftsurlaub gehen müsste, es müsste kein Kindergeld beantragt und keine Kinderbetreuung organisiert werden. Die Wirtschaft würde das freuen. Alles ginge nonstop und full-power weiter, als wäre nichts gewesen.

Doch einen Haken hätte diese Art der Fortpflanzung. Einerseits fehlt das sexuelle Stadium und diese Wesen würden in keiner Phase ihres Lebens die Freuden einer Sexualität erleben, wie sie eben nur zwei Geschlechtszellen erleben können. Sich ineinander bohren, miteinander verschmelzen, alle Chromosomen zu einem neuen Informationszentrum zusammenschmeißen und einen neues Individuum begründen, das es noch nie vorher gegeben hat. Nein, diese Nachkommen würden haargenau ihrem Elternteil gleichen, weil sie eine exakte Kopie der elterlichen Bibliothek erhalten haben. Sie wären Klone. Ihnen fehlten vielleicht sogar Organe, die Geschlechtszellen produzieren könnten und so müsste eine Klongeneration nach der anderen entstehen. Es wäre kein Fortschritt, keine Weiterentwicklung in Sicht außer, wenn eine erfolgreiche Mutation im genetischen Code aufträte. Das kann aber 6 bis 10 Millionen Generationen dauern.

Andererseits wäre es nicht zwingend so, dass diese Wesen total auf die Kohabitation, die Freuden des Beischlafs also, verzichteten. Die Rettung der Spezies wäre dann vielleicht, dass doch nach einer bestimmten Anzahl von Knospenzyklen Geschlechtszellen ausgebildet werden, die dann alles das erleben dürfen, was das Leben unserer einzelligen Sexgeneration so lebens- und liebenswert macht. Die oben bereits angesprochenen Süßwasserpolypen machen uns das ja schon vor und das Gedächtnis der Evolution ist sehr lang. Total vergessen wird sie diese Möglichkeit zur Fortpflanzung auch in höheren Lebewesen mit großer Wahrscheinlichkeit nicht.

Die angeführten Punkte zeigen meiner Meinung nach, dass ein nichtmenschliches intelligentes Wesen, etwa der obengenannte Sauropside, nicht zwangsläufig in der Lage sein muss, optische und akustische Signale zu empfangen. Ein ausgefeilter chemischer Sinn könnte an ihre Stelle treten. Zur Ortung eines chemischen Signals könnte er überaus leistungsfähig sein. Der chemische Sinn übertrifft bei vielen Tieren die Fähigkeiten der Augen und der Ohren häufig um ein Vielfaches. Trüffelhunde und Trüffelschweine führen in Frankreich ihr Herrchen oder Frauchen mit traumwandlerischer Sicherheit zu den begehrten Knollen. Noch fantastischer ist der Geruchssinn mancher Haie, denen oft schon wenige Moleküle pro Kubikmeter Wasser genügen, um ihre potentielle Beute auszumachen.

Als Fazit bleibt festzustellen, dass intelligente Wesen, die uns vielleicht irgendwann einmal aus den Weiten des Weltalls besuchen kommen werden, mit uns Erdenmenschen nicht die geringste Ähnlichkeit haben müssen. All die niedlichen Bilder von den grünen Männchen, Aliens oder auch von den menschenähnlichen Sauropsiden sind Wunschvorstellungen unserer begrenzten Phantasie. Wir können uns einfach nicht vorstellen, dass intelligente Wesen völlig, ich meine *völlig*, anders aussehen könnten als wir, und auch ein amöboider Schleimklumpen mit einem leistungsfähigen Informationssystem eine evolutionäre Karriere machen könnte, hinter der wir heutigen Menschen uns verstecken könnten. Aber wer von uns möchte denn schon von einem intelligenten Schleimklumpen aus dem Weltall besucht werden?

Natürlich würden wir mit den Außerirdischen Krieg führen. Das ist doch Ehrensache für uns Zivilisationsmenschen. Aber angenommen, der Außerirdische ist wirklich ein Schleimklümpchen, kann man das denn überhaupt mit unseren Waffen erschießen? Vielleicht zerteilt eine Sprengladung das Klümpchen ja in mehrere keine Klümpchen, die dann schnell zur speziesspezifischen Größe heranwachsen und bald wieder in einer noch größeren Anzahl einsatzbereit sind. Wir kennen das ja von dem Drachen mit sieben Köpfen. Wird ihm einer abgehauen, wachsen zwei neue nach. Da ist uns ein uns ähnlicher Besucher doch viel lieber. Und so geht unsere Fantasie denn auch viel lieber in diese Richtung.

Der von M. Reitze in die Diskussion geworfene menschenähnliche, zweibeinige Sauropside hätte natürlich in seinem Kopf ein Gehirn, das unserem eigenen Gehirn vergleichbar wäre. Aber genauso wenig, wie die äußere Form und die Anatomie eines zukünftigen Besuchers aus dem All oder eines in ferner Zukunft sich entwickelnden intelligenten Nachfolgers des Menschen, so muss auch sein Denk- oder Informationsverarbeitungsapparat, also was bei den Wirbeltieren das „Zentralnervensystem" ist, nicht unbedingt unserem Gehirn ähneln. Es könnte in Form von Milliarden von Zellen in dem Schleimklumpen verteilt sein, unstet in ihm zirkulieren und nirgends einen zentralen Sitz haben. Wir kennen auch schon ein Vorbild hierfür: das Immunsystem in unserem Körper. Es hätte eine Merk- und Lernfähigkeit und könnte auf innere und äußere Reize reagieren, Signale und Botenstoffe aussenden, auf die andere Teile des Organismus reagieren würden. Unser Immunsystem zeigt uns, wie es gehen könnte.

Unser erdenmenschliches Nervensystem reagiert in einem Zeitrahmen von Millisekunden. Das kann unser Immunsystem, das nur mit den langsamer reagierenden chemischen Botenstoffen operiert, nicht leisten. Verglichen mit unserem Nervensystem ist es relativ träge aber dennoch erstaunlich leistungsfähig was das Verarbeiten von Informationen angeht. Aber könnten in und zwischen den Zellen des oben hypothetisch angenommenen Schleimklumpens ohne Nervensystem nicht auch elektrische Impulse ablaufen und in Verbindung mit den zirkulierenden Gedächtniszellen für ein angemessenes Tempo bei der Signalübertragung und -verarbeitung sorgen? Alles was dieser intelligente Klumpen bräuchte wären Wasser, in dem er sich bewegen kann, und Manipulatoren, die ihm die Umgestaltung seiner Umwelt gestatten würden. Diese Manipulatoren gibt es bereits in angedeuteter Weise bei Amöben. Die sind zwar ziemlich primitive Einzeller, aber wir können uns absolut vorstellen, dass auch ein Vielzeller nach diesem Prinzip aufgebaut sein könnte. Als Schleimklumpen hätte er natürlich keine Knochen wie die Wirbeltiere und auch keinen Chitinpanzer wie die Insekten oder Krebse. Dennoch könnte er es in bestimmten Abschnitten seines Körpers zu einer erstaunlichen Festigkeit bringen. Was den Säulenkaktus aufrecht hält, ist nicht allein sein Stützgewebe, sondern auch sein Innendruck, sein Turgor. Verliert er ihn, so wird er schnell einknicken. Finden Sie eine Parallele bei sich, meine Herren? Ja. Absolut richtig. Ihr Penis hat auch keine Knochen und weist doch hin und wieder eine erstaunliche Rigidität und Festigkeit auf. Auch er knickt ein, wenn der Turgor nachlässt. Unser hypothetischer Schleimklumpen könnte also durchaus Scheinarme und Scheinfüße, sogenannte Pseudopodien, aus seiner Körpermasse ausstülpen und sie durch einen hohen Turgor so fest machen, wie unseren Arm mitsamt der dranhängenden Hand. Und es ist dann genauso gut vorstellbar, dass der Schleimklumpen am Ende seines Scheinarmes fingerartige weitere Fortsätze ausbildet. Ob er nun einen oder zwölf Scheinarme ausstülpt oder zwei oder fünfundzwanzig Finger an jedem Arm hätte, kann von den Umständen und Anforderungen abhängen, die das Leben an ihn stellt. Für eine komplexe Aufgabe könnte er durchaus mehr als zwei Manipulatoren gebrauchen: Zwei halten beispielsweise einen unhandlichen Gegenstand, zwei weitere bearbeiten ihn und drei oder vier weitere halten die benötigten Werkzeuge und Materialien bereit oder sorgen dafür, dass er auf der Stelle bleibt und nicht davontreibt, denn er lebt ja vermutlich im Wasser.

Es wird, auch von Wissenschaftlern, immer wieder die Auffassung vertreten, dass ein intelligentes Wesen sich orientieren können muss und zwar zumindest optisch und akustisch. So haben denn auch die Phantasiegestalten wie E.T. und der angeblich von der NASA gefundene Torso eines Außerirdischen meist große Augen und Ohren, aber nur eine unscheinbare Nase. Der Geruchssinn scheint nach ihrer Vorstellung für diese Wesen keine besondere Rolle zu spielen. Dieser Auffassung stelle ich meine eigene gegenüber, nach der der Geruchssinn ein so grundlegender Bestandteil unserer stammesgeschichtlichen Entwicklung ist, dass er auch in einem hypothetischen anderen intelligenten Wesen, das in einer erdähnlichen Umgebung leben würde, nicht wegzudenken ist. Der Geruchssinn ist der grundlegende Sinn aller heute lebenden Organismen überhaupt. Das gilt auch dann, wenn man die Arten ausklammert, die nach dem, was wir über sie wissen, nicht riechen können.

Im Wasser wäre für den hier angenommenen Außerirdischen ein perfekter chemischer Sinn und ein hochsensibler Tastsinn von größerem Vorteil, als Auge und Ohr. Ob man den chemischen Sinn im Wasser als Geruch oder Geschmack betrachtet ist irrelevant, denn der Geschmackssinn ist nur eine Sonderform des Geruchssinns. Dass dieses Wesen an Land wohl ziemlich hilflos sein würde, ist nicht weiter dramatisch. Denn das feuchte Element in dem er vielleicht auf seinem fernen Gestirn oder auf einer Erde der Zukunft leben würde, ist möglicherweise ebenso wie auf der heutigen Erde um ein Vielfaches größer als die Landmasse. Und weil er ja intelligent ist, schafft er es auch, Vorrichtungen zu erfinden, mit denen er sich an Land fortbewegen kann. Vielleicht wird er im Laufe seiner Entwicklung ja gezwungen werden an Land zu gehen, weil es für ihn im Wasser zu gefährlich wird oder dort die Nahrung knapp wird oder, oder, oder.

Wissenschaftler behaupten, dass sich Leben nur in einem Temperaturbereich entwickeln und halten kann, der dem entspricht, in dem die heute auf der Erde lebenden Organismen existieren. Was aber wäre, wenn diese Wesen sich in einer Welt mit extrem hoher Gravitation oder unter hohem atmosphärischem Druck entwickelt hätten? Oder einfach in stark salzhaltigem Wasser? Das Argument der Wissenschaftler ist, dass das Wasser in flüssiger Form vorliegen muss. Wenn also unsere Weltraumsonden auf einem Himmelskörper überall, auch in tiefsten Tiefen und in den höchsten Höhen, minus hundertvierzig Grad messen, würden sie nach den gängigen Vorstellungen daraus schließen, dass es dort kein freies Wasser und darum auch kein Leben geben kann. Ein Irrtum, wie ich meine. Selbst unter einem dicken Eispanzer könnte aufgrund hoher Gravitation flüssiges Wasser bei sehr niedrigen Temperaturen vorhanden sein und Leben einen Raum geben können. Und auf Sauerstoff können sie gut verzichten. Selbst auf der Erde gibt es eine Reihe von Organismen, die Schwefel statt Sauerstoff zur Oxidation von Substraten benutzen.

**

Der Sex der Bakterien

How can you discover the sex of a bacteria? Pull off the genes (jeans)!

Gehört in einem Hamburger Forschungslabor

Wir sprachen auch von Bakterien und Pilzen und wer das Ganze wohl erfunden haben mag.

Ob sie mir glauben werden, dass auch Bakterien Sex miteinander haben? Ich sage es Ihnen, es ist so! Vermutlich vor rund drei Milliarden Jahren fanden die ersten Versuche in dieser Richtung statt. Nicht alle waren privilegiert, aber es gab welche, die sich suchten, zärtlich aneinanderlegten und ein bisschen schmusten. Dabei öffneten beide ein bisschen ihren Overall und tauschten kleine Teile ihrer Bibliothek aus. Sie waren dabei ziemlich geizig und teilten nicht alles, wie es die obengenannten Wesen vom tierischen Stamm tun. Aber immerhin, sie taten es. Und wieder war es der Geruch, oder wie die Wissenschaft sagen würde, ihr chemischer Sinn, der sie zusammenführte. Logisch, denn Bakterien können weder einander sehen noch sich süße Verheißungen zuflüstern oder Brunstschreie aussenden und empfangen. Aber Düfte eines Artgenossen wahrnehmen und fühlen, das können sie ganz bestimmt, denn sonst wüssten sie möglicherweise ja gar nicht, dass sie schon am Ziel angekommen sind, wenn ein angenehmer Hauch ihre Hülle streift. Wer von den beiden nun Männchen oder Weibchen ist, das hat die Wissenschaft noch nicht herausgefunden. Als Verlegenheitslösung hat man sie einfach mit Plus und Minus bezeichnet. Man könnte jetzt ja Spekulationen anstellen, aber ich jedenfalls werde das nicht tun, denn man gerät zu leicht in den Vorwurf einer politischen Unkorrektheit oder sogar eines männlichen Chauvinismus, wenn man als Mann nun das Plus-Bakterium als männlich und das Minus-Bakterium als weiblich bezeichnen würde. Keine Frau würde ohne Weiteres akzeptieren, dass sie mit einem Minus vergleichbar ist. Nun ja, braucht sie ja auch nicht, weil das noch nicht festgestellt wurde und vielleicht auch überhaupt nicht feststellbar ist. Ich bin sicher, dass der Begriff männlich oder weiblich auf Bakterien gar nicht anwendbar ist. Aber Sex haben sie miteinander. Das steht für mich fest, denn die Analogie zu dem Verhalten von Spermien und Eizellen ist nicht zu übersehen. Es ist aber, weil es weder Männchen noch Weibchen gibt, ein Sex unter Gleichen. Folglich ist ganz allgemein gesprochen, der Sex, also die Kopulation oder Konjugation von einzelnen Zellen, nicht an ein Geschlecht gebunden.

***

Der Sex der Pilze

Eigentlich sollte ich die Pilze aus dieser Betrachtung herauslassen, denn sie gehören weder zum Reich der Pflanzen noch zum Reich der Tiere. Sie sind ein ganz eigener Stamm, was sie auch in ihrem merkwürdigen Sexualverhalten demonstrieren. Warum ich ihnen hier trotzdem einen Platz einräume, hat etwas mit ihrem bizarren Sexualleben zu tun.

Pilze können mehr als andere Organismen. Ihre Sprösslinge können entweder eine einfache Kopie der Bibliothek ihrer Eltern enthalten oder eine doppelte, wie es bei den höheren Tieren und Pflanzen der Fall ist. Haben die Pilze auch Sex miteinander? Vorstellbar wäre es. Der eigentliche Pilz ist nicht das oberirdische Ding aus Stamm und Hut, das wir so adrett auf dem Waldboden stehen sehen, sondern ein weitläufiges unterirdisches Geflecht aus haardünnen Schläuchen. Das was wir im Wald sammeln und gerne essen, ist nur ihr Fruchtkörper. Die Vorstellung, dass zwei Pilze sich Hut an Hut oder Stamm an Stamm aneinanderlegen um Sexzellen auszutauschen fällt mir schwer. Sie tun das so ja auch gar nicht. Als notorische Heimlichtuer machen sie das lieber unterirdisch. Oberirdisch spielt sich da nichts ab. Dazu sind die Pilze einfach zu scheu und genierlich. Angeblich soll das größte Lebewesen auf unserem Planeten ausgerechnet ein Pilz sein. Er soll in Nordamerika unterirdisch als weitläufiges Geflecht leben zusammengenommen mehr als 30 Tonnen wiegen.

Das oberirdische Teil eines Pilzes ist so etwas wie der Apfel am Baum und enthält Sporen, die aber keine Geschlechtszellen wie bei den Insekten oder Wirbeltieren sind, sondern nach der Ankunft auf einem passenden Untergrund ohne Sex zu einem neuen Pilzgeflecht heranwachsen können. Doch wenn sich zwei Schläuche von Individuen der gleichen Art und unterschiedlichem Geschlechts im Waldboden treffen, könnte es ja sein, dass sie das tun, was die Bakterien tun.

Pilz ist nicht gleich Pilz, selbst dann nicht, wenn sie genetisch zu der gleichen Art gehören. Manche Pilze bekommen von ihrem Elternpilz gleich einen doppelten Bibliotheksteil mit auf den Lebensweg. Sie sind Diplonten. Trotzdem wollen sie sich noch sexuell mit anderen Pilzgeflechtzellen vereinigen, was bei allen anderen Wesen, Tieren und Pflanzen, ungewöhnlich wäre.

Verschlagen wie sie sind und verborgen in der Erde suchen sie sich ein Opfer, ein Pilzgeflecht des anderen Geschlechts, wenn man das denn so bezeichnen darf. Besser benutzt man hier, wie schon bei den Bakterien die Bezeichnung Plus und Minus. Wenn den Plus-Pilz der Hafer sticht, d.h.: wenn er den unwiderstehlichen Drang spürt Sex haben zu müssen, dann schwillt ihm der Schlauch. Ja wirklich. Der sucht sich nun fieberhaft und total erregt das Ende des unterirdischen Schlauchgewirrs eines besonders attraktiven Minus-Schlauches und legt sich zärtlich daran so dass zwei Zellen sich nun gegenüberliegen und liebevoll miteinander verschmelzen können. Nun lässt der Pilz die Hüllen fallen, er schreitet zum Sex. Aber es ist ein Sex von anderer Art, als der, den wir bei Tieren und Pflanzen gesehen haben, denn es kommt nicht zum Zusammenlegen zweier Halbbibliotheken sondern zum Zusammenlegen zweier Doppelausgaben der Bibliotheken eines jeden Partners. Weil das Ganze am Ende eines Schlauches passiert bildet er eine sogenannte Schnalle. Der Jäger versteht unter Schnalle etwas anderes. Also Jäger, jetzt mal ernst bleiben!

Und dies ist einer Vereinigung von Samen- und Eizelle gar nicht so unähnlich. Als Vielzeller steht ihm das ja auch zu. Schließlich muss er sich ja auch von den primitiven Bakterien abheben, die nicht mal einen Zellkern haben und nicht mal richtige Kopien ihrer Bibliotheken austauschen, sondern nur kleine Teile davon.

Ein rechter Ständerpilz kann eben nicht vom Sex lassen. Es gibt aber auch Pilze, die nie einen Fruchtkörper ausbilden, sondern immer in der ziemlich gut getarnten Schlauchform bleiben. Und die wissen schon warum. Aus den Sporen mit der vollständigen Bibliothek entsteht ein kleines Schläuchlein. In diesem Falle wird es aber nur ein kümmerliches Schläuchlein sein. Doch das hat es in sich! Es weiß schon haargenau, warum es diesen etwas kürzeren Weg gewählt hat, denn zu ihnen gehören solche unangenehmen Zeitgenossen wie Fußpilze und Pflanzenschädlinge. Durch diesen kürzeren Weg können sie wahnsinnig schnell große Populationen aufbauen und einen Wirt (sagt man so, obwohl von Bewirtung nicht viel zu erkennen ist, eher von Raub und Körperverletzung) sehr schnell bevölkern. Erinnert Sie das an etwas? Denken Sie mal an die Blattläuse. Die verzichten auch auf Sex, um schnell eine Pflanze bevölkern zu können.

Von der Fortpflanzung her gesehen sind die Pilze wohl die vielseitigsten und erfinderischsten Lebewesen auf diesem Planeten. Andere Pilze, weit primitivere, beherrschen aber auch noch eine andere Art der ungeschlechtlichen Fortpflanzung. Sie geizen nicht mit ihrer Bibliothek, sondern verdoppeln sie, sodass nicht zwei sondern zweimal zwei Kopien produziert werden, mit allen dazugehörigen Schreib-, Lese- und Kopierapparaten. Die beiden Bibliotheken bleiben jede für sich in ihrer neuen Umgebung bestehen. Daneben entstehen auch noch ein paar minderbemittelte Kopien mit nur einem Doppelsatz. Der neue Pilz entsteht aber aus dem Teil der Schnalle, der die Doppelbibliothek mit zweimal zwei Ausgaben enthält. Im späteren Verlauf können sogar noch mehr als zweimal zwei Kopien herausgebildet werden die, wie die Erbsen in einer Schote, in einer einzigen Zelle liegen. Die bereiten sich nun auf die Fortpflanzung vor, indem sie sich nach und nach voneinander trennen und ihre doppelten Bibliotheken auf eine einzige Kopie reduzieren. Nach dem Austausch von jeweils einer Kopie der Doppelbibliothek ist ein neues Individuum entstanden, das einfach abgeschnürt und in die feindliche Welt entlassen wird.   Der Elternteil winkt dem von nun an verwaisten Nachkommen schnöde noch ein Adé hinterher. Sieht aus wie Sex, ist aber keiner, den es findet keine Vereinigung von Bibliotheksteilen und kein Phasenwechsel statt, sondern nur ihre Verdoppelung und deren anschließende Trennung. Darum ist der Nachkomme auch mit dem Elternteil, der ihn hervorgebracht hat, vollkommen identisch, sozusagen ein Klon seines Elternteiles. Aber Pilze können auch ganz schön clever sein. Damit die auf diese Weise entstandenen Nachkommen nicht auf alle Ewigkeit ihren Ur-Ur- Ur- … Großeltern gleichen, verfügen sie über einen Mechanismus der ihnen eine gewisse Flexibilität in ihren Bibliotheken erlaubt. Bei den Zellteilungen legen sich unterschiedliche Teile der Bibliotheken von zwei Zellen zusammen und werden so zu einer neuen Doppelbibliothek umgeformt. Dann werden nur noch zwei parallele Querwände eingezogen und fertig ist die neue Doppelbibliothek. Die bringt nun einen neuen Pilz hervor und zwar mit Hut.

Doch kaum hat er voller Stolz seien Hut aus der Erde gestreckt, kommt auch schon ein ruchloser Pilzesammler und rupft oder schneidet ihn ab. Aber was ein strammer Pilz ist versucht auf jeden Fall stehen zu bleiben, damit er seine Sporen entweder durch die Luft oder mit dem Regenwasser verteilen kann. Aus ihm wird dann wieder ein neues Pilzgeflecht mit einer einzelnen Kopie der elterlichen Bibliothek entstehen. Pilze können auch eigensinnig sein. Der normale Pilz wird nun auf jeden Fall versuchen, seine Bibliothek durch Zusammenlegung mit einem zweiten Pilzgeflecht zu verdoppeln, damit er es wieder halbieren kann. Verstehen Sie den Sinn der Angelegenheit? Halbieren, zusammenlegen, verdoppeln, und wieder halbieren? Ich nicht.

Die armseligen mit nur einer Kopie der Bibliothek ausgestatteten Schläuche gehen nun auf die Suche nach einem passenden anderen Geschlecht, um sich mit ihm sexuell zu vereinigen. Aber aufgepasst, liebes Pilzschläuchlein, es gibt mehr als ein Geschlecht unter den infrage kommenden Kandidaten. Nein nein, keine bi- oder homosexuellen Typen. Das scheidet aus praktischen Gründen aus. Für uns Menschen, die wir nur männlich oder weiblich kennen, ist dies schwer zu verstehen, aber die Pilze sind eben so. Sie entscheiden, ob einer passt oder nicht. C'est tout. Wie sie das machen, ist mir ein Rätsel. Wenn sie keinen passenden Partner finden, machen sie es auch mit sich selbst. Dazu klappen sie einfach einen Teil ihres unterirdischen Schlauches um und suchen sich eine geile Stelle an ihrem eigenen Körper. Dabei bilden sie wieder die bereits vorher genannte Schnalle. Sieht aus wie Sex, ist aber nach unserer neuen Definition von Sex gar keiner, weil hierbei die Zellkerne mit den vollständigen Bibliotheken ohne Phasenwechsel ausgetauscht werden.

Denn: Sex ist der Vorgang, der, begleitet von einem Phasenwechsel, zu einer Vereinigung von je einer halbierten Doppelbibliothek (Chromosomensatz) unterschiedlicher Individuen führt.

***

Sex bei einfachen Zellverbänden

Gibt es hier Quallen, Krebse oder Seeigel? fragt der
Badegast. Keine Angst, beruhigt ihn der Bademeister, die
werden alle von den Haien gefressen!
www.0815sms.com

Bei der Ohrenqualle, einem glitschigen, aber völlig harmlosen Tierchen, ist die Sache noch recht übersichtlich. Das haben wir weiter oben gesehen. Quallen haben weder richtige Hoden noch Eierstöcke wie höhere Tiere. Ihre Geschlechtszellen hängen einfach ziemlich schutzlos unter ihren Schirmen. Einen Schritt weiter haben dann schon die Staatsquallen gemacht. Ich meine damit jetzt nicht die Mitglieder unseres bundesrepublikanischen Kabinetts.

Streng genommen ist eine Staatsqualle kein einheitlicher Organismus, sondern sie besteht aus einem Zusammenschluss mehrerer tausend Polypen. Staatsquallen werden als Zellkolonie betrachtet, also eine Ansammlung von Zellen unterschiedlicher Art. Und wie treffen sich nun die vielen Polypen in der Kolonie? Ganz einfach: sie gehen alle aus einem einzigen befruchteten Ei hervor. Statt nun das Weite zu suchen, wie es unsere aus einer Zygote entstandene Planulalarve der Ohrenqualle tut, trennen sich die Zellen der Staatsqualle nach der nun bald einsetzenden Teilung nicht voneinander, sondern bleiben in einem losen Verband zusammen, als Kolonie eben. Wenn sie eine bestimmte kritische Masse erreicht hat, beginnen die Zellen sich zu spezialisieren. Sie lassen sich in vier Untertypen einteilen und erfüllen unterschiedliche Aufgaben: Fortbewegung, Nahrungsbeschaffung, Verdauung und Fortpflanzung. Sie sind derart stark auf ihre jeweilige Aufgabe spezialisiert, dass sie schon fast als Organe eines großen Organismus betrachtet werden können, denn sie können außerhalb des Gesamtorganismus nicht überleben. Die einzelnen Individuen haben ihre Individualität aufgegeben um im Verband mit anderen eine spezielle Leistung für ihren Staat zu erbringen. Sehr löblich, nicht wahr? Der Mensch blickt neidisch und dankbar zugleich auf diese Wesen, weil er solches noch nicht zustande gebracht hat. Doch die Chinesen waren dank ihrer Kulturrevolution schon auf dem besten Wege dahin. Aber mit der Machtergreifung von Deng Xiao Ping hat alles ein Ende genommen. Heute ist sich jeder Chinese, genau wie wir dekadenten Europäer, auch nur sich selbst der Nächste.

Als solche sind die Staatsquallen natürlich nicht sexuell aktiv. Dies ist auch nicht so recht vorstellbar, denn wenn Staatsquallen sich zu nahe kommen, dann funkt es höchstwahrscheinlich. Sie würden wahrscheinlich, statt sich mit ihren tausend Armen zu umarmen, einander ihre furchtbar giftigen Nesselzellen entgegenschleudern.

Stattdessen produzieren sie die Generation von Zellen, die Sex haben wird, nämlich männliche und weibliche Geschlechtszellen. Diese Spezialisierung dient dem gesamten Quallenstaat, denn das Ergebnis der sexuellen Vereinigung der Zellen der geschlechtlichen Generation, also der Eizelle und des Spermiums, ist ein neues Individuum, das durch fleißige ungeschlechtliche Vermehrung zu einem neuen Staat, einem Quallenstaat, wird. Wie es vonstatten geht, dass aus einer einzigen befruchteten Zelle vier verschiedene Zelltypen hervorgehen, ist mir nicht vollständig klar. Es drängt sich mir aber der Verdacht auf, dass hier ein Mechanismus im Spiel ist, der bei höheren Tieren „Differenzierung" genannt wird.

Die Fress-, Verdauungs-, Verteidigungs- und Fortbewegungspolypen einer Staatsqualle scheren sich überhaupt nicht um die Fortpflanzung. Sie haben diesen Job an die Fortpflanzungspolypen delegiert. Und die sind dadurch schon zu einer Art Fortpflanzungsorgan avanciert. Total vom Sex beherrscht, lassen sich diese Polypen von ihren anderen Genossen durchfüttern und durch die Gegend kutschieren. Man nennt sie auch Geschlechtspolypen. Ich möchte auch hier Missverständnissen vorbeugen und betonen, dass diese Art von Geschlechtspolypen nichts, aber auch rein gar nichts mit den Polypen zu tun haben, die in so mancher menschlichen Nase, Darm oder Scheide sitzen. Ist ja auch völlig klar, denn die haben kein Geschlecht, selbst dann nicht, wenn sie in einem hochentwickelten weiblichen Organismus sitzen.

Man kann die Spezialisierung vieler Einzelpolypen zu einem zusammenhängenden Haufen von Geschlechtspolypen wohl getrost mit der Entstehung eines Organs vergleichen. Zumindest ist es eine Analogie oder eine Vorstufe hierzu. Staatsquallen geben Eier und Spermien ins offene Meer ab und verzichten auf eine freischwimmende Medusengeneration wie wir das oben bei der Ohrenqualle gesehen haben. Der Vergleich mit der Ohrenqualle zeigt uns auch, dass der Wechsel zwischen einer Medusen- und einer Polypenform, der ohne Phasenwechsel stattfindet, nicht obligatorisch ist. Er ist, wenn er stattfindet, auf jeden Fall sinnvoll, denn er erhöht die Überlebenschancen der Art durch eine höhere Nachkommenzahl. Obligatorisch ist aber der Generationswechsel mit Phasenwechsel zwischen der vielzelligen diploiden Meduse und der einzelligen haploiden Geschlechtszelle.

Staatsquallen sind und bleiben Polypen. Polypen, die sich unter Spezialisierung zu einem neuen Organismus zusammengetan haben. Nein, diese Polypen sind schon einzigartig. Manchmal auch einzigartig gefährlich, wie zum Beispiel die Portugiesische Galeere. Kein Schiff, nein nein. Die Zeiten der Kriegsführung mit den Galeeren sind ja nun längst vorbei. Die Portugiesische Galeere ist eine Staatsqualle. Sie kann sowohl segeln, indem sie einen Kamm auf einer luftgefüllten Kammer in den Seewind reckt, als auch rudern, indem ein Schlagmann die Ruderer, die in dem Polypenverbund auf den unbequemen Querbänken sitzen, unbarmherzig zur Arbeit antreibt. Die übrigen Staatsangehörigen brauchen sich nun um ihr Fortkommen nicht mehr zu kümmern. Umso mehr Energie bleibt für die Verteidigung des Staates übrig, denn eine Berührung mit den Nesselzellen dieses Polypenstaates ist schmerzhaft und selbst für erwachsene Menschen gefährlich.

Doch die Staatsquallen sind nicht die ersten in der langen Reihe der Evolution, die das Leben im Verbund mit anderen Verwandten erträglicher und erfolgreicher finden. Eine Kategorie tiefer finden wir Schwämme, meist im Meer, die es ähnlich treiben. Zwar braucht sich kein einziges Mitglied dieses Tierstocks um die Fortbewegung zu kümmern, weil sie fest mit einem Stein oder einer Pflanze verwachsen sind, aber sie haben ähnlich wie die Staatsquallen auch eine Arbeitsteilung. Da gibt es die Baumeister, die ständig am Gerüst herumfummeln, um es mit Stäbchen verschiedenster Art zu stabilisieren, dann die Flimmerzellen, die zwar keine Fernsehprogramme für die Flimmerkiste produzieren können und an Reinhold Beckmann oder Maybrit Illner überhaupt kein Interesse haben, aber durch ständiges Wedeln mit einer Geißel, nicht zu verwechseln mit einer Geisel, Atemwasser und Nährstoffe für alle Mitglieder der Schwammgemeinschaft heranschaffen. Vielleicht sind sie doch Geiseln, weil sie dank ihrer Spezialisierung zu diesem Frondienst gezwungen sind. Das, was diese Flimmertypen an Nahrung heranschaffen, wird dann durch völlig formlose Schleimklümpchen von Zellen, sie nennen sich Amöboide, an die Mitglieder des Stockes verteilt, die sich nicht selber mit Nahrung versorgen können. Sie winden und schlängeln sich durch das von den Baumeistern errichtete Gerüst und kommen überall hin. Man kann nur hoffen, dass die Verteilung der Nahrung einigermaßen gerecht geschieht. Verscherzen sollte sich die Dienste der Amöboiden keiner. Und wie halten es die Schwämme mit dem Sex? Da sind Sie jetzt bestimmt furchtbar neugierig, was?

Schwämme sind entweder getrenntgeschlechtlich oder Zwitter, und können sich geschlechtlich oder ungeschlechtlich vermehren. Spermien entstehen in der Regel aus den Kollegen mit der Geißel. Sie wandeln sich einfach in Geschlechtszellen um, wenn ihnen danach ist. Eizellen entstehen aus einem anderen, sehr vielseitigen, unspezialisierten Zelltyp, der noch mehr kann als nur Eier produzieren. Obwohl man von männlichen und weiblichen Schwämmen spricht, haben diese bedauernswerten Kreaturen keine eigentlichen Geschlechtsorgane. Die Spermien werden von den „männlichen" Schwämmen einfach in das freie Wasser entlassen und von einem „weiblichen" Schwamm mehr per Zufall mit dem Atemwasser aufgenommen. Das Ausstoßen der Eier und Spermien aus dem Schwamm ist in sehr weitgefasstem Sinne also eine Art Ejakulation oder Ovulation, also kein Sex wie wir ihn zu verstehen gelernt haben. Somit sind auch die männlichen und weiblichen Schwämme die asexuelle Generation. Aber ihre Spermien sind nun mal mächtig scharf auf die Eier ihrer Weiber. Auch bei den Schwämmen ist das so. Und hier passiert's, das Wesentliche: Die Schwammspermien haben Sex mit den Schwammeiern! Oder auch umgekehrt. Ich möchte den Eiern der Schwämme eine lustvolle Sexualität nicht absprechen. Spermien und Eier sind auch bei den Schwämmen die eigentliche sexuelle Generation. Aus der Eizelle entwickelt sich eine Larve, die fortschrittlicher ist, als man annehmen sollte, denn sie bildet ein Bläschen, das sich zu einem Becher einstülpt, ähnlich wie wir es von den gerade besprochenen Quallen kennen.

Die asexuelle Vermehrung der Schwämme interessiert uns hier nicht weiter. Sie geschieht durch Knospung, die Sie, verehrter Leser, schon weiter oben kennengelernt haben.

Gehen wir noch eine Etage weiter herunter im Stammbaum der Vielzeller, den tierischen Einzellern.

Die im Laufe der Evolution immer mehr zunehmende Konkurrenz der Einzeller untereinander oder mit anderen Arten mag beim Austausch genetischer Informationen Individuen bevorzugt haben, die sich stärker von einander unterscheiden. Dadurch konnte die Breite des Angebots an neuen Genen, die einer der Partner oder beide möglicherweise nicht hatten, vergrößert werden. Auf welcher Stufe nun diese Entwicklung zu Plus- und Minuswesen und zu den ersten männlichen und weiblichen Einzellern führte, ist nicht bekannt.

Warum aber haben diese Einzeller diesen Weg beschritten? Die Lust am Sex kann es ja zumindest am Beginn wohl nicht gewesen sein. Man vermutet heute, dass die Ur-Einzeller auf diese Weise ihre defekten Gene reparieren konnten. Bei ihrer Kopulation oder Konjugation kopierten sie einfach die intakten Gene eines fremden Individuums und konnten dann wieder fröhlich und gesund ihrer Wege ziehen. Als zweiter und nicht weniger wichtiger Grund wird wohl der Austausch von genetischem Material zum Zwecke der Verbreiterung der genetischen Basis anzunehmen sein, denn Einzeller, die sich immer nur teilen, teilen, teilen ...., sind als Klone zu bezeichnen und genetisch identisch. Werden sie vor lebensbedrohliche Herausforderungen gestellt, ergeht es ihnen wie den jungfräulichen Blattläusen. Sie können, z. B. durch Antibiotika, unter Umständen alle auf einen Schlag umkommen. Ist ihre genetische Basis jedoch breiter, d.h. sind sie heterozygot, kann ein Teil von ihnen möglicherweise überleben und eine neue Population aufbauen. Dann ist wieder die pharmazeutische Industrie gefragt.

In ihrer äußeren Erscheinung aber waren beide Partner vollkommen gleich, sie waren vielleicht vergleichbar mit den Isogameten, den gleich großen Geschlechtszellen mancher Mehrzeller. Doch eines unterscheidet der Sex der Einzeller von dem der Mehrzeller: Sie gehen aus der Vereinigung wieder als Individuum, als Einzeller, hervor. Die Vereinigung war zwar von Vorteil für die beiden Beteiligten, aber nur vorübergehender Natur. Beide Einzeller können nun nach ihrer Trennung potenziell neue Herausforderungen leichter meistern und sich wieder wie gewohnt ihrer Lieblingsbeschäftigung, dem Teilen, Teilen Teilen ... hingeben, bis sie erneut auf einen paarungswilligen Partner treffen. Die Vielzeller können da nur neidisch zusehen, denn diese Einzeller sterben nicht nach ihrer Vereinigung, sie trennen sich einfach wieder voneinander, während die Dauerehe der Vielzeller unweigerlich zu ihrem Tod führt.

Die Sexualität der Einzeller lehrt uns aber noch ein wichtiges weiteres Detail. Wenn sich zwei gleiche Einzeller sexuell oder meinetwegen auch nur quasisexuell miteinander vereinigen können, dann sind doch vielleicht auch die tierischen Sexualzellen der Mehrzeller einander ähnlicher, als es seinen äußeren Anschein hat. Bei den Säugetieren sind sie zwar in ihrer Größe und in ihrer Erscheinung sehr verschieden, aber genetisch, und darauf kommt es bei jedem Lebewesen ja schließlich an, sind sie identisch oder quasiidentisch. In der Biologie wird die Vereinigung zweier ungleich großer Sexualzellen als Anisogamie bezeichnet, wobei der größeren der beiden Zellen das Geschlecht weiblich zugeordnet wird. Mit einer zugegebenermaßen etwas größeren Portion an Abstraktion vereinigen sich auch bei den Vielzellern zwei gleiche Individuen einer Art. Die unterschiedliche Größe der Zellen wollen wir als unwichtiges Detail einmal vernachlässigen. Zwar haben sie einige minimale Unterschiede in ihrem genetischen Apparat, aber das haben ja schließlich auch die paarungswilligen niederen isogamen Einzeller, die wir als quasiidentische Wesen betrachtet haben. Der Hauptunterscheid zu den Einzellern besteht darin, dass die männlichen wie auch die weiblichen Sexzellen der Vielzeller vor ihrer Vereinigung eine Reduktionsteilung durchmachen die ihren Chromosomensatz halbiert. Sie verhalten sich also auch hier absolut gleich. Wie verschieden oder wie gleich sind die Sexzellen, die wir als weiblich und männlich bezeichnen, denn überhaupt? Dieser Frage wollen wir bei den Säugetieren noch einmal stellen.

Wie es dazu kam, dass sich überhaupt Mehrzeller aus den Einzellern entwickelten, ist nicht im Detail bekannt. Vielleicht war das ein unvorhergesehener „Unfall" in der Lebensgeschichte einer Einzellerlinie. Auch Einzeller, die mit einem echten Zellkern ausgestattet sind, müssen ihr genetisches Material vor der Teilung verdoppeln, damit jeder der beiden Nachkommen gleichermaßen beschenkt werden kann. Wenn nun aber die Trennung der beiden Tochterzellen nicht ordentlich klappen würde, haben wir es bereits mit dem einfachst vorstellbaren Vielzeller zu tun. Dieser „Fehler" kann sich nun bis zu einem bestimmten Stadium oder auch beliebig oft wiederholen und damit zu größeren Vielzellerverbänden führen. Die würden aber nun in einer verzwickten Klemme stecken, denn wie vermehrt sich so ein Klumpen? Der Klumpen wird nun wohl einen Augenblick ratlos nach einer Lösung suchen. Den allermeisten dieser verunglückten Zellklumpen wird wohl nichts Praktikables eingefallen sein und so haben sie sich von dieser Welt für immer verabschieden müssen. Unter Millionen solcher Unfall-Vielzeller könnten aber einer oder wenige gewesen sein, die alle ihre Kraft zusammennahmen und eine Zelle aus ihrer Mitte mit einer Spezialaufgabe beauftragt haben nach dem Motto: Hannemann, geh' du voran. Hannemann war eben erst aus einer Zellteilung hervorgegangen und hatte noch nicht wieder seinen Chromosomensatz verdoppelt, als ihn die Order traf. Aber er gehorchte. Brav koppelte er sich von dem Zellhaufen ab und schwebte einsam davon. Bis zu dem Moment, in dem ihm eine ebenso entstandene einsame Zelle begegnete, wusste er noch nicht, dass er dazu ausersehen war, Sex mit einer anderen Zelle seiner Art zu haben. Die Berührung mit dieser Zelle war angenehm und so öffneten sie beide ihren Mantel und verschmolzen miteinander. Auf eine Abgrenzung verzichteten sie vollständig und so waren sie am Ende wirklich Eins. Und das Tollste war, dass jeder seinen halbierten Chromosomensatz auf ganz unspektakuläre Weise wieder auf seine normale doppelte Größe bringen konnte. Jeder DNA-Strang ihrer Chromosomen suchte sich den zu ihnen gehörenden Partner aus dem Genom des anderen und legte sich an ihn. Der Doppelsatz war fertig. Es fehlte nur noch die Ummantelung aller Chromosomen mit einer gemeinsamen Membran und fertig war der neue Zellkern.

Aber was sollte nun aus ihnen werden? Schließlich gehörten sie zu der gleichen Art, wie der große Zellklumpen, aus dem sie ausgestoßen worden sind. Und so beschlossen sie zu werden, wie ihre Erzeuger gewesen sind: ein vielzelliger Klumpen. Das war leichter als sie sich das anfangs vorgestellt hatten, denn sie brauchten sich nur an ihre Vergangenheit in dem Zellklumpen erinnern, bei dem sich die Zellen nach der Teilung nicht voneinander trennten. So taten sie es denn auch. Und schon bald sahen sie aus wie ihre Erzeuger und waren zu einem dicken fetten Zellhaufen geworden. Und auch bei ihnen regte sich bald der Wunsch, Nachkommen zu haben. Das Spiel, das sie hervorgebracht hatte, spielten sie nun selber. Doch sie mussten schwer dafür bezahlen, und zwar mit ihrem Leben. Während die mit Stolz hervorgebrachte Sexzelle sich in der Freiheit tummelte, mussten die übrigen Zellen des Zellklumpens ihrem Ende entgegensehen. Sie mussten sterben, denn die anderen Zellen des Haufens konnten sich nicht in Sexzellen umwandeln. Zu allem Überfluss hatten sie sich bei der Produktion der

Sexzellen auch noch wahnsinnig angestrengt und waren nun am Ende ihrer Kräfte. Mit dem Sex kam nun der Tod in ihr Leben. Doch diesen Preis haben sie akzeptiert, denn der Sex eröffnete ihnen ungeahnte neue Möglichkeiten. Er ermöglichte es ihnen nun noch perfekter, sich die Gene eines anderen „halbierten" Einzellers anzueignen, indem sie einfach komplett mit ihm verschmolzen, was die anderen Einzeller wie Bakterien oder Pantoffeltierchen nicht taten. Nun hatte jeder wieder einen kompletten Doppelsatz mit einer umfangreicheren Bibliothek als vorher. Und was ist mit dem Tod?

Der Tod der lebensspendenden Vielzeller ist für die Art völlig belanglos. Er bedeutet nicht den Tod der Art. Nicht das Individuum, sondern die Art lebt weiter. Nur das ist wirklich entscheidend. Unser heute gelebter Individualismus ist im Gegensatz dazu eine pure Illusion. Kein Sex, kein Überleben der Art. Allerdings lebt man von nun an in zwei Formen: einer asexuellen und einer sexuellen Generation. Denn dies, was wir eben beschrieben haben, ist ein echter Generationswechsel mit Phasenwechsel, bei dem sich eine diploide asexuelle Generation und eine haploide sexuelle Generation ablösen.

***

Der Sex der Urtierchen

Insgesamt fanden die Forscher Hinweise darauf, dass die meisten amöboiden Abstammungslinien ursprünglich sexuell waren. Asexuelle Gruppen entstanden wohl erst später und in den verschiedenen Linien unabhängig voneinander. Die Wissenschaftler glauben deshalb, dass Sex uralt ist - er wurde "erfunden", bevor die ersten Einzeller auf der Welt auftauchten.
http://science.orf.at/stories

Tiefer hinabsteigen in das Reich der Vielzeller möchte ich nicht. Da wird es mit der Unterscheidung zwischen Tieren und Pflanzen echt schwierig. Nicht, dass ich die Pflanzen nicht gern hätte. Aber es sollen sich andere darum streiten, in welchen Stamm der Lebewesen zum Beispiel eine Volvox-Kugel, ein Pantoffeltierchen, oder ein Augentierchen gehören.

Na ja, vielleicht sollten wir doch einen kurzen Blick auf die Pantoffeltierchen werfen. Sie beginnen erst einmal damit, sich paarweise aneinander zu legen und heftig mit den Mündern zu knutschen. In diesem Bereich verschmelzen sie so innig miteinander, wie es uns Menschen selbst mit der größten Anstrengung absolut niemals gelingen wird. Bei dieser Knutscherei tauschen sie ihre Bibliotheken, natürlich wieder nur eine Kopie der Doppelbibliothek, und alle anderen kleineren Maschinchen aus, damit sie mit den entsprechenden Teilen des Partners verschmelzen können. Der durch Verschmelzung entstandene neue Kern der Pantoffelchen teilt sich in zwei Tochterkerne, die noch ein bisschen wachsen müssen. Anschließend trennen sich die beiden wieder. Sie haben genug voneinander und können nun endlich ihr normales Aussehen wiederherstellen und ihr Single-Dasein wieder aufnehmen. Denn eitel sind diese kleinen Schönheiten ja nun einmal. Sie bekommen ihre wundervollen Wimpern wieder zurück und bringen ihre etwas derangierten Münder wieder in Ordnung. Das war, mit Verlaub gesagt, echter und heftiger Sex, was die beiden Pantoffelchen da miteinander getrieben haben. Sie tun das mit ihrem gesamten Organismus und nicht nur mit spezialisierten Geschlechtszellen über die sie natürlich auch überhaupt nicht verfügen. Das erfordert schon sehr viel Leidenschaft und absolute Hingabe. Sie sind noch nicht so weit gekommen, dass sie Spermien oder Eizellen produzieren können wie die Schwämme und Quallen, aber die Verschmelzung zweier Zellen mit dem uns schon bekannten Austausch des gesamten Informationsmaterials ist echter Sex. Ein Phasenwechsel findet nicht statt, also auch kein Generationswechsel, es sei denn, man betrachtet die kurze Interimsphase, in der beide Individuen ihren Chromosomensatz halbieren und austauschen, als Phasenwechsel. Die sexuelle Generation wäre dann in der kurzen Übergangsphase zu sehen. Daneben beherrschen die Pantoffeltierchen auch noch die für uns uninteressante ungeschlechtliche Vermehrung. Sie geschieht, Sie ahnen es, lieber Leser, ohne Sex und ohne Phasenwechsel durch schlichte Teilung.

Zum Sex der niederen Tiere ist noch eine Bemerkung angebracht. Oben haben wir gesehen, dass Schwämme und Quallen, beides sehr primitive Tiere, die die unterste Stufe der Vielzeller darstellen, echten Sex, d.h.: eine Verschmelzung von

Sexzellen, haben. Bei den Pantoffeltierchen konnten wir zwar auch von Sex sprechen, aber es sind keine Geschlechtszellen, die sich da vereinigen, sondern es legen sich zwei ganz normale Individuen der Art aneinander, lösen einen Teil ihrer äußeren Membran an dieser Stelle auf und tauschen obendrein nur Teile des Kernmaterials aus und nicht alles. Diese Form der sexuellen Aktivität kennt offenbar keinen Generationswechsel, denn nach der Trennung der beiden Verliebten sind sie wieder die alten. Dennoch müssen wir uns fragen, ob nicht doch ein Phasenwechsel und damit auch ein Generationswechsel stattfindet, denn die beiden Sexpartner sind ja offensichtlich genetisch unterschiedlich, sonst würde die Schmuserei ja überhaupt nichts bringen. Die Lösung dieses Problems könnte darin bestehen, dass wir ihnen den Status sowohl einer asexuellen als auch einer sexuellen Generation zubilligen. Auf der Stufe der einzelligen Urtierchen war die Evolution vielleicht noch nicht so weit fortgeschritten, dass sie diese zwei Daseinsformen in zwei unterschiedlichen Individuen unterbringen konnte. Offenbar ist eine solche Strategie zum Austausch von genetischem Material nur bei Einzellern möglich. Bei Mehrzellern scheint diese einfache Art der Sexualität nicht zu funktionieren. Was lag im Sinne der Evolution da näher, als die Unterschiede zwischen den Sexpartnern zu vergrößern und zwei verschiedene Geschlechter zu erfinden, die spezialisierte Sexzellen hervorbringen, denen sie die Aufgabe der Fortpflanzung überlassen können. Während auf der Einzellerstufe nur Teile des genetischen Materials ausgetauscht werden, können die Vielzeller sich von ihren Sexzellen trennen und ihnen dadurch eine totale Verschmelzung ermöglichen. Verbunden damit ist die bis dahin nicht bekannte und vom Standpunkt der Logik aus gesehen notwendige Entstehung von Leichen eine natürliche Erscheinung. Während die Sexzellen eine neue Generation begründen, sterben später ihre Erzeuger. Der Übergang vom Einzeller zum Vielzeller hat damit seine rationale Erklärung gefunden. Bei den primitiven Einzellern gab es keine Leichen. Deren Vermehrung ist vom Sex total abgekoppelt. Sie vermehren sich durch Teilung, bei der im Prinzip keine Leichen entstehen, es sei denn, sie werden von tückischen Viren befallen, von einer Amöbe verschlungen oder von einem Schwamm aus dem Verkehr gezogen. Diese Unfall- oder Katastrophentoten sind unbedeutend. Sie treten natürlich auch bei Einzellern auf, die den komplizierten Mechanismus des Todes noch nicht als Überlebensstrategie erfunden haben.

Es ist im Augenblick nicht bekannt, welche primitive Form den Generationswechsel als erstes erfunden hat. Vielleicht waren es kleine bewimperte aquatische Wesen, die noch primitiver waren als die Quallen, etwa Tierchen in der Form ihrer Planula-Larven. Ein Indiz dafür könnte die Existenz dieser kleinen Planulalarven als asexuelle Zwischenform bei den Quallen und bei anderen primitiven Tieren sein. Dann wäre es vielleicht auch so, dass der Polyp der Ohrenqualle und die Medusen, die sich von ihm ablösen wie Untertassen, nur Ausgestaltungen der Planulalarve sind. Man könnte unter dieser Vorraussetzung sogar so weit gehen zu behaupten, dass die asexuelle Grundform die bewimperte Planulalarve ist. Weil dieses mikroskopisch kleine Ding nicht genügend Nachkommen erzeugen kann, formt sie sich um in kleine gefräßige Polypen, die schnell wachsen und dann die Quallen hervorbringen. Und diese Tiere, die die respektable Größe von bis zu 40 cm erreichen, sind nun in der Lage, Tausende von

Ei- und Spermienzellen zu produzieren. Ein weiterer Vorteil besteht zudem noch darin, dass die Quallen außer von Lederschildkröten von kaum einem anderen Tier gefressen werden, während die kleinen Planulalarven auf dem Speisezettel vieler Meerestiere, besonders Filtrierern, stehen.

Man muss sich aber fragen, warum die Qualle als Endform sich nicht damit begnügt, tausende von Eiern produzieren, aus denen dann direkt wieder kleine Quallen werden, ohne den Umweg über die Planulalarve und den Polyp. Gilt hier vielleicht die von Ernst Haeckel aufgestellte „biogenetische Grundregel[25]", dass die Organismen in ihrer Ontogenese (Individualentwicklung) die Phylogenese (Stammesgeschichtliche Entwicklung) wiederholen?

Wir können diesen im Einzelnen noch unbekannten Übergang von der Vermehrung der Einzeller zu der sexuellen Vermehrung der Mehrzeller gar nicht hoch genug einschätzen. Bei den Mehrzellern ist dadurch die Kopulation von Eizelle und Spermium als Form der sexuellen Vereinigung möglich geworden. Bei dem obengenannten Pantoffeltierchen, das eine Art Schwellenzustand darstellt, spricht man dagegen statt von einer Kopulation von einer Konjugation. Sie ist deutlich von der Kopulation zu unterscheiden, weil keine spezialisierten Sexzellen in den, im Übrigen unvollständigen, Austausch des genetischen Materials verwickelt sind.

Dies war wohl der größte evolutionäre Schub, den die Tierwelt jemals erlebt hat.

Und wie lief es bei den Pflanzen?

Bei den Einzellern ist es oft nicht möglich zu sagen, ob sie Pflanzen, Tiere oder noch etwas anderes sind. Insofern ist einfach anzunehmen, dass die Pflanzen den gleichen Weg genommen haben, wie die Tiere. Wahrscheinlich haben Pflanzen und Tiere die gleiche Wurzel und so musste jeder dieser beiden Stämme die Sexualität nicht selber erfinden. Erst danach trennten sich ihre Wege.

***

---

[25] Haeckel nannte es ein „biogenetisches Grundgesetz", Heute wird von vielen Wissenschaftlern bestritten, dass es sich um ein Grund„gesetz" handelt. Die Theorie wird als veraltet angesehen.

Der Sex der Pflanzen

... hast Du schon jemals Pflanzen "poppen" sehen?!? Klar funktioniert der Mechanismus der Reproduktion (also Mitose und Meiose) genauso wie bei den Tieren ...
www.chemieonline.de

Pflanzen bilden Knospen, das weiß jeder. Diese Knospen sind wahre Wundertüten. Man kann so viel damit machen. Der Gärtner kann sie aus der einen Pflanze herausschneiden und einer anderen Pflanze unter die Rinde stecken und schon wird sich ein neuer Trieb bilden, der alle Informationen seines Elternhauses in sich trägt. So kommt es, dass eine Zierjohannisbeere, die keine essbaren Früchte trägt, plötzlich schmackhafte rote oder schwarze Johannisbeeren trägt, wenn sie deren Knospen implantiert bekommen hat. Die sogenannte Unterlage, also die Wirtspflanze, ist der Knospe natürlich nicht egal. Beide, Knospe und Unterlage, müssen sich schon irgendwie mögen. Ganz im Gegensatz zum Menschen vertragen sich hier am besten nahe Verwandte miteinander. Für die Knospe ist nur von Bedeutung, dass sie ordentlich ernährt wird. Und das kann so eine Amme oft besser als die hochgezüchtete Stammpflanze von Roten oder Schwarzen Johannisbeeren, deren Wurzelwerk nicht die gleiche Kraft aufbringt, wie das eines ein Wildlings, wie es die Zierjohannisbeere trotz ihres schönen Namens dennoch ist. Aber nicht nur Knospen kann man auf diese Weise auf andere Pflanzen übertragen, sondern auch Zweige und noch größere Teile.

Manche Pflanzen tun es auch ohne menschliche Hilfe. Sie bilden Ableger, die sich mehr oder weniger schnell von der Mutterpflanze lösen und selbständig werden. Ohne „Sex"!

Natürlich haben auch Pflanzen richtigen Sex nach unserer neuen Definition. Das können wir nach allem, was oben gesagt wurde, nun nicht mehr bestreiten. Männliche Pflanzen produzieren Millionen von Pollenkörnern, die das Pendant zu Spermien sind. Auf der Suche nach einer weiblichen Geschlechtsöffnung fliegen sie durch Wind und Thermik angetrieben weit durch die Luft. Die Weiber dieser Pflanzenarten sind da nämlich etwas konservativer und behalten ihre Eizelle meist bei sich und warten auf ein Pollenkörnchen, das ihnen der Wind zutreibt oder das ein Insekt, ein Nektarvogel oder eine Fledermaus ihnen zuträgt. Es findet also keine Hochzeit hoch droben in Wolke sieben, bis wohin die Pollenkörnchen gelegentlich fliegen, statt. Der Sex, der sich zwischen Pollenkörnchen und Eizelle abspielt, ist im Prinzip nicht anders, als der zwischen den Geschlechtszellen von Spinne und Spinner, Elefant und Elefantin oder Menschenmann und Menschenfrau. Auch die pflanzliche Eizelle ermuntert ihren männlichen Counterpart durch Lockungen, in sie einzudringen und seine Bibliothek mit der ihrigen zusammenzulegen. Wie die Tiere, so verbirgt auch die Pflanze ihre Eizelle tief in ihrem Inneren, so dass das Pollenkörnchen extra einen langen Schlauch ausfahren muss um seine Teilbibliothek zu der ihrigen zu transportieren und die Vereinigung vollziehen zu können. Dass dieses kleine Pollenkörnchen so einen strammen Schlauch ausfahren kann, ist schon sensationell. Am Ende ist der Schlauch größer, als sein kleines Gehäuse, aus dem er hervorgewachsen ist. Aber bitte, kein falscher Neid! Da können wir Menschen und andere Wirbeltiere einfach nicht mithalten. Und außerdem: Größe ist nicht alles. Wir Menschen bringen es in unserer sexuellen Zustandsform lediglich auf ein kleines Schwänzchen am Ende unseres Spermiums, das seiner Fortbewegung dient. Wenn man die Größe dieser beiden Anhängsel mal vergleicht, dann kommt man zu dem Schluss, dass Pollenkörner unheimlich sexy sind.

Und wie ist es mit der pflanzlichen Eizelle? Sie steckt, wie gesagt zumeist tief in der Mitte einer Blüte. Die Männchen werden nicht nur durch den Wind, durch Insekten und andere Helfer in ihrem Geschäft unterstützt, auch die Pflanze selbst unternimmt alle Anstrengungen, damit „ER" bei ihr landen kann. Es macht nichts, wenn die Landung nicht ganz präzise ist. Sie ist einfach so heiß auf ihn, dass sie ihre Öffnung zum Himmelreich mit Landebahnen versehen hat, die auch noch mit einem rutschfesten, klebrigen Belag beschichtet sind. Er soll ja möglichst schnell zum Erfolg kommen, ohne langes Vorspiel, und nicht durch den nächsten Windstoß wieder fortgeweht werden. Währenddessen hält „SIE" pausenlos ihre Öffnung für ihn offen. Der Weg ist frei. Das findet er so geil, dass ihm sofort der Schlauch noch weiter anschwillt und damit nach der in der Tiefe liegenden Eizelle tastet. Der Rest ist bekannt. Hat er sein Ziel gefunden, entlädt er augenblicklich fast seinen gesamten Inhalt in die Eizelle. Nicht alles ist für die Eizelle dabei von großem Interesse, jedoch auf eines wartet sie ungeduldig: auf den Kern, denn der enthält seine Mitgift, die halbe Bibliothek seiner Elternpflanze.

Ob die Elternpflanze nun zweihäusig, also ihre männlichen und weiblichen Geschlechtszellen in zwei unterschiedlichen Pflanzen produziert oder einhäusig ist, macht in diesem Prozess überhaupt keinen Unterschied. Einhäusige Pflanzen sind insofern interessant, dass sie ihre männlichen und weiblichen Geschlechtszellen in einer einzigen Blüte bilden. Eine Selbstbefruchtung ist also möglich. Doch die meisten einhäusigen Pflanzen haben Mechanismen entwickelt, die eine Selbstbefruchtung verhindern. Entweder werden die männlichen Zellen zeitlich so lange vor den weiblichen in die Umwelt entlassen, dass sie mit den eigenen weiblichen Zellen nicht zusammenkommen können oder umgekehrt, dass die weiblichen dann schon reif werden, wenn die männlichen noch ihren pubertären Traum träumen. Die Pflanzen sind also schon genauso schlau wie die Tiere, denn auch sie wollen durch die Vermeidung der Selbstbefruchtung ihren Genpool auf eine breite Basis stellen. Selbstbefruchtung würde ihre Variabilität einschränken, weil das genetische Material der beiden Sexualpartner in diesem Fall praktisch identisch ist.
Nach der Befruchtung der pflanzlichen Eizelle werden die sogenannten Samen produziert, die nichts, aber auch rein gar nichts, mit dem sogenannten „Samen" der Wirbeltiere gemeinsam haben. Pflanzensamen sind bereits die nächste asexuelle Generation. Sie müssen nur noch aus der Hülle fallen und keimen. Sie sind bereits mit einem Bibliotheksdoppel ausgerüstet, das sie später als erwachsene Pflanzen für eine sexuelle Fortpflanzung wie üblich in zwei identische Hälften aufteilen müssen, deren eine Hälfte sie, in einer Blüte anmutig dargeboten, wieder einem brünstigen Pollenkörnchen präsentieren können. Der Kreis hat sich geschlossen. Er muss sich immer schließen, damit die Chose weitergeht und keine Art ausstirbt.

Der Überlebenskampf der Pflanzen

Bevor wir die nächste Stufe der Verwirrung erklimmen, lassen Sie uns doch noch einen weiteren Blick auf die Pflanzen werfen. Im Allgemeinen gelten Pflanzen als einfache oder primitive Lebensform, den Tieren total unterlegen und ausgeliefert. Sie sind einfach nur Futter oder bestenfalls Lebensraum für Tiere. Doch meiner Auffassung nach täuscht dieses Bild über die Fähigkeiten hinweg, die Pflanzen im Überlebenskampf nicht nur gegenüber anderen Pflanzen, sondern auch gegenüber Tieren haben. Bereits vorher haben wir gesehen, dass auch Pflanzen sich sexuell vermehren, wobei ihre sexuelle Phase, in Analogie zu den Tieren, die weiblichen Ei- und die männlichen Pollenzellen sind. Die enthalten alle Informationen, die zum Aufbau eines neuen Pflanzenlebens erforderlich sind. Überflüssig zu sagen, dass diese Informationen in den Bibliotheken der beiden Sexpartner liegen.

Unseren an relativ schnelle Abläufe gewohnten Augen erscheint eine Pflanze als etwas sehr statisches. Sie ist an einen Platz gebunden (einige wenige Ausnahmen bestätigen diese Regel) und kann nicht weglaufen oder sich verstecken, wenn sie gefressen werden soll oder wenn ein Unheil droht, wie Kälte, Hitze, Flut oder Trockenheit.

Aber gegen das Gefressenwerden haben sie vielfältige Mechanismen entwickelt. Denken Sie nur an die Brennnessel, die Rosen oder die Brombeeren. Viele sind auch regelrecht giftig, und das nicht nur für den Menschen.

Wieder andere Pflanzen haben sich nicht nur in ihr Schicksal ergeben, sondern haben die Not zur Tugend gemacht. Wenn sie schon das Gefressenwerden nicht verhindern können, dann wollen sie wenigstens einen Vorteil davon haben. Deshalb sind manche geradezu darauf versessen, gefressen zu werden. Diese Pflanzen sind davon abhängig, dass sie den Verdauungskanal eines Vogels oder Säugetieres durchlaufen und erlangen dadurch erst ihre Keimfähigkeit. Und eine Portion Dünger wird fast immer gratis mitgeliefert.

Wie kommt die Mistel auf die Pappel? Nein, nicht durch herumfliegende Samen und auch nicht durch den Gärtner, der so einiges Lustiges mit seinen Pflanzen anstellen kann, aber das nun doch nicht. Da gibt es einen hilfreichen Vogel, die Misteldrossel. Sie schluckt die glitschigen weißen Beeren einer Mistelpflanze, die es bereits vorher schon einmal geschafft hat auf einen Baum zu gelangen, genüsslich hinunter. Ewas Schöneres als eine Mistelbeere gibt es für die Misteldrossel einfach nicht. Und sie muss sie nicht einmal kauen, was sie ohnehin mangels Zähnen nicht könnte. So bleibt das in der Beere steckende Samenkorn intakt. Irgendwann nach relativ kurzer Zeit ist nun die weiße Beere verdaut. Aber der schwarze Kern ist unversehrt geblieben. Beim nächsten Stuhlgang, oder besser gesagt Astgang, gibt nun die Misteldrossel diesen unversehrten schwarzen Kern auf ganz natürliche Weise wieder von sich.

Er landet mit einiger Wahrscheinlichkeit auf einem Zweig oder Ast eines passenden Baumes und hat gleich eine Portion Dünger dabei. Nach nicht allzu langer Zeit wird es dem Samen zu eng in seiner Schale, er dehnt sich aus, sprengt die Schale und streckt einen Finger bohrend und prüfend in die Rinde seiner Unterlage. Gefällt sie ihm, so wird aus dem kleinen Finger bald eine veritable Wurzel, die die Wasser- und Nährstoffkanäle ihres neuen Wirtes anzapft. Von da an hat sie ein sorgloses Leben. Es wird ihr an nichts fehlen und so hoch oben hat sie sogar noch reichlich Sonne, die sie zur Komplettierung ihrer von Wirt erhaltenen spartanischen Diät aus Wasser und Mineralstoffen braucht. Denn assimilieren und die dringend benötigten Energiereserven anlegen, vor allem Zucker, muss die Mistel mit Hilfe der Fotosynthese selbst.

Und wie hält es die Mistel mit dem Sex? Als echte Blütenpflanze ist sie natürlich stockkonservativ und macht es wie alle anderen, mit Eizellen und Pollenkörnchen. Doch spätestens zu Weihnachten, zumindest in England, hat der Traum von bequemen Leben ein jähes Ende, denn dann wird sie an einen Türrahmen gehängt, nur zu dem albernen Zweck, dass sich ein menschliches Männchen und ein menschliches Weibchen darunter zu küssen haben. Adva und Evam haben uns aber gezeigt, dass das und noch viel mehr auch ohne Mistel geht.

Die Mistel ist also noch von der Sonne abhängig. Der Fichtenspargel, eine blasse und ebenfalls echte Pflanze der nördlichen Wälder, ist es aber nicht. Er nutzt das Schlauchgeflecht von Pilzen aus um sich mit ihnen inniglich zu vereinigen. Nein, keine Angst, das ist keine Sodomie von Seiten des Fichtenspargels an dem Pilz, denn das hat nicht das Geringste mit Kopulation oder Paarung zu tun. Durch das Anzapfen der Nahrungsvorräte des Pilzes bezieht der Fichtenspargel das, was jede andere typische Pflanze selber synthetisieren muss: Kohlenstoffverbindungen wie zum Beispiel Zucker, den universellen Baustoff für eine Menge anderer Stoffe und Energie, die auch ein Fichtespargel braucht. Hat denn der arme Pilz überhaupt genügend Vorrat an diesen Stoffen, die er doch auch selber gut gebrauchen kann? Nun, nicht so direkt. Aber auch er behilft sich seinerseits mit Diebstahl. Er zapft einfach die Wurzeln eines Baumes an und holt sich von dort diese Stoffe.

Bei diesem tollen Dreiergespann kommt aber keiner zu Schaden. Sie nützen sogar einander indem jeder jedem anderen nicht nur etwas nimmt, sondern auch etwas gibt. Der Baum profitiert von den Pilzen durch den Bezug von Wasser und Mineralien. Der Fichtenspargel profitiert von der Zersetzung von organischem Material, das er nicht selber abbauen kann, durch das Pilzgeflecht. Letztlich also ist der Baum der Lebensspender für den Fichtenspargel, wenn auch über die Schaltstation Pilz.

Es wäre müßig, hier noch weitere Beispiele für die Tricks anzuführen, die Pflanzen befähigt in einer Welt voller Konkurrenten zurechtzukommen. Selbst ein Waldbrand kann segensreich für einige Pflanzen sein. Die Samen einiger Pflanzenarten können erst dann keimen, wenn ein Waldbrand über sie hinweggefegt ist. Wie sich eine solche Abhängigkeit und solch eine Vorteilsnahme herausgebildet haben mag, können wir nur ahnen.

Was wir aber nicht nur ahnen ist, dass die Bibliotheken der Beteiligten eine dominierende Rolle spielen. Haben Sie, verehrte(r) Leser(in) schon mal daran gedacht, dass nicht wir Wirbeltiere oder wir Säuger oder wir Menschen die Erde beherrschen, sondern die Pflanzen, Pilze, Algen und Bakterien? Alles Nichtpflanzliche und auch vieles pflanzliche Leben hängt von ihnen ab. Bis auf wenige Ausnahmen unter den Kulturpflanzen können sie sorgenfrei auch ohne uns leben. Wir und alle anderen Tiere aber nicht ohne sie, sei es nun direkt oder indirekt. Die ersten primitiven Pflanzen (wenn es denn überhaupt primitive Wesen gibt!) haben vermutlich eingesehen, dass sich ein Wettlauf mit den Tieren nicht lohnt. Zu kräfteraubend und zu risikoreich. Tiere sind von der Energie und den Baustoffen abhängig, die in Pflanzen oder anderen Tieren stecken. Sie gibt es nicht immer und überall in ausreichender Menge. Ihr Mangel ist sogar eine der Hauptursachen für den Tod der Tiere. Wenn die Kaninchen nicht genügend Gras und Kräuter finden, werden sie verhungern. Wenn der Uhu, besonders der von Kaninchen ziemlich abhängige Uhu in Spanien, seinerseits nicht genügend Kaninchen fangen kann, dann kann er seine Jungen nicht ernähren und verhungert vielleicht sogar selber.

Eine Pflanze braucht nur Licht und Wasser aus dem Boden, das dort immer vorhanden ist, wo sie keimt. Dort kann sie getrost bis an ihr Lebensende stehenbleiben, braucht keine Pflanzen oder Tiere zu fressen, um zu ihrer Nahrung zu kommen. Sie macht sie sich schließlich selbst. Das ist eine hochbewunderungswürdige Fähigkeit, durch die die Pflanzen uns in Sachen Anpassung in nichts nachstehen. Eine einzige Pflanze kann ganze Areale dominieren und dabei tausende von Jahren alt werden. Kein Wesen aus der Reihe der Tiere kann das erreichen. Und statt aufeinander herumzupoppen wie die Kaninchen, lassen die Pflanzen den Wind und das Wasser bei der Verbreitung ihrer Geschlechtszellen für sich arbeiten. Und selbst die Samen sind mit wunderbaren Flugmechanismen ausgerüstet, die ihre weiträumige Verbreitung sicherstellen. Obwohl sie als Individuum festsitzen, können sie sich oft rasend schnell und weiträumig verbreiten. Denken Sie an die Pusteblume. Ähnliche Mechanismen werden auch von anderen Pflanzen genutzt. Linden- und Fichtensamen fallen nicht einfach zu Boden, sondern segeln propellierend langsam herab, wobei sie jeder kleine Windhauch weit weg blasen kann. Wozu laufen wie die Säugetiere oder aktiv mit den Flügeln rudern wie die Vögel, wenn das Fliegen passiv durch den Wind oder die Strömung erreicht werden kann? Und wenn die Samen selber nicht gerade Flugkünstler sind, dann reisen sie auch mal gern Huckepack an oder in den Tieren durch die ganze Welt. Im Wuschelbart eines Streifengnus kann sich jeder mit Klammerfortsätzen, Haken oder Kleber versehene Samen einquartieren und bei den jährlichen Wanderungen ihrer Vehikel weit über die Savanne bewegen. Passiv und ohne jeden Energieaufwand

***

∎∎∎

Ohne Sex geht nichts

„Did Clinton do it ... that is, have sex with Monica Lewinsky in the White house?" [26]

Wie sich doch die Bilder gleichen. Pflanze, Spinne, Gottesanbeterin, Elefant Hyäne, Mensch: Alles geht nach dem gleichen Prinzip vonstatten. Es gäbe doch auch andere Möglichkeiten zur Fortpflanzung. Selbst die Arten, die hin und wieder zur Knospung oder zur Parthenogenese Zuflucht nehmen oder sich durch Teilung oder Ableger oder Wurzelschösslinge vermehren können, behalten in mehr oder weniger wichtiger Form immer noch die sexuelle Fortpflanzung bei. Es scheint, als wenn alle Organismen dieser Erde ein gemeinsames Ganzes bilden, das einem gemeinsamen Muster folgt. Diese Grundform sind die Geschlechtszellen. Sie unterscheiden sich im Gegensatz zu ihren asexuellen, vielzelligen Formen nur in Nuancen. Nach Auffassung einiger Wissenschaftler könnte der Sex bereits bei der Entstehung des Lebens vorhanden gewesen sein.

Doch merken wir uns dies: In diesen Grundformen findet die Evolution statt. Nur bei ihnen finden die Veränderungen des genetischen Materials statt, die sich dann in der asexuellen Generation oft, aber nicht immer, sehr deutlich in einem veränderten Aussehen oder in veränderten Eigenschaften der vielzelligen Formen zeigen. Somit sind sie, die von uns Geschlechtszellen genannten Einzeller, die wahren Herrscher über das Schicksal ihrer Art. In der vielzelligen Phase können einzelne Schritte übersprungen oder auch mehrfach wiederholt werden. In seltenen Fällen können auch neue Formen zwischengeschaltet werden, wie wir das bei den zur Parthenogenese befähigten Arten gesehen haben (es ist zur Zeit ungeklärt, ob die Anlage zur Parthenogenese nicht grundsätzlich bei allen Arten vorhanden, aber in den meisten Fällen genetisch nicht exprimiert wird). Dennoch durchläuft jede Art der Vielzeller in Form ihrer einzelnen Individuen grundsätzlich diese beiden Phasen: die Phase der Geschlechtszelle und die asexuelle Phase.

Holen wir mutig noch etwas weiter aus, dann können wir postulieren, dass die Gesamtheit der Geschlechtszellen den belebten Teil unserer Erde beherrscht, egal, ob es sich um die Eier und Spermien eines Wattwurms, einer Nacktschnecke oder eines Berggorillas handelt. Auch wir Menschen sind da natürlich eingeschlossen.

Aber dennoch bleibt ein Problem: Die Einzeller ohne Zellkern wie viele Bakterien und die Blaualgen haben einen anderen Weg gewählt. Trotzdem tauschen auch diese primitiven Arten genetisches Material in einer Art und Weise aus, die dem Sex der Geschlechtszellen höherer Arten mehr oder weniger vergleichbar ist. Aber schließlich gehören sie weder zum Reich der Tiere noch zum Reich der Pflanzen.

Der Name Blaualgen ist ein bisschen irreführend, weil er eine zu große Nähe zu den Pflanzen suggeriert. Tatsächlich aber stehen sie den Bakterien näher als den Pflanzen. Wir haben gesehen, dass es auch mit ihnen gewisse Ähnlichkeiten gibt, aber so richtig passen sie doch nicht in unsere neue These. Einige Wissenschaftler

---

[26] Hagood W O, Presidential Sex, Carol Publishing Group 1998, Seacaucus, N.J., USA

schreiben ihnen einen anderen Entstehungsweg zu, als den übrigen Organismen. Da sie aber keine mehrzellige asexuelle Generation kennen, können wir sie getrost aus unserer Betrachtung herauslassen. Andererseits sind diese kernlosen Organismen ein Hinweis darauf, dass im Laufe der Entstehung des Lebens alles auch ganz anders hätte kommen können. An dieser Stelle möchte ich auf das vielumstrittene Werk von Jaque Monod (Er selber nennt es einen Essay): „Zufall und Notwendigkeit" hinweisen, dass diesen Schluss ebenfalls zieht.

Die Ausbildung einer vielzelligen asexuellen Form hat sich jedoch im Laufe von Jahrmillionen so gut bewährt (die Natur findet für alles immer eine beste Lösung), dass die unterschiedlichsten sexuellen Formen sie nutzen. Die asexuelle Form bietet Schutz vor adversen Umweltbedingungen und fördert durch ihre gegenüber der sexuellen Generation völlig andere Lebensweise, vor allem durch ihre meist ausgeprägte Mobilität, ihre Verteidigungs- und Schutzmechanismen die Verbreitung der meist schutzlosen sexuellen Generation, in vielen Fällen über den ganzen Erdball. Die Frage, die wir uns mit diesem Gedanken stellen müssen ist: Sind die unterschiedlichsten Geschlechtszellen, die in den Vielzellern produziert werden, unterschiedliche, diskrete Arten oder sind sie nur Varietäten einer hypothetischen „Ur"-Geschlechtszelle, auf die der Artbegriff nicht anwendbar ist? Im Aufbau und in ihrer Lebensweise sind sie sich im Reich der Tiere untereinander viel ähnlicher, als ihre asexuellen Formen.

Im Pflanzenreich herrscht eine größere Diversität. Sie beschränkt sich aber im Wesentlichen auf die äußere Hülle der Pollenkörner.

Wenn die Wissenschaft herausgefunden hat, dass einige augenfällige Unterschiede zwischen bisher als getrennte Arten angesehenen Formen nur auf eine unterschiedliche epigentische Ausprägung zurückzuführen sind, dann ist es zumindest denkbar, dass die unterschiedlichen Formen der Geschlechtszellen ebenfalls als solche unterschiedlichen Ausprägungen aufzufassen sind. Dieser Auffassung steht jedoch entgegen, dass der Informationsgehalt in dem genetischen Material der unterschiedlichen Arten bereits quantitativ sehr unterschiedlich ist. Der gut untersuchte Wurm Caenorhabditis elegans hat nur einige tausend Basenpaare in seiner DNA, während der Mensch 3 Milliarden Basenpaare aufweist.

Wenn man allerdings eine ähnliche Klassifikation vornimmt, wie sie die Taxonomie der Zoologen darstellt, kommt man zu wesentlich engeren Verwandtschaftsbeziehungen. Es könnte sich dabei herausstellen, dass die verwandtschaftlichen Beziehungen zwischen den Geschlechtszellen einiger bisher als weit voneinander getrennt gesehenen Arten wesentlich enger sind, als bisher angenommen. Da hier die These vertreten wird, dass die Geschlechtszellen die eigentliche Form der auf der Erde existierenden Arten sind, kann es notwendig werden, einen neuen Stammbaum der Tiere und Pflanzen anhand des Genoms der Sexzellen aufzustellen. Dabei ist auch darauf zu achten, welche Informationen ablesbar und welche verborgen sind.

■■

Weil uns die sexuellen Formen der Arten einander näher verwandt zu sein erscheinen, als ihre vielzelligen asexuellen Formen müssen wir davon ausgehen, dass sie die eigentliche Zustandsform der Arten sind und dass ihre verschiedenen Formen lediglich unterschiedliche Ausprägungen einer einmaligen „Erfindung der Natur" sind. Wir sind alle Eins. Wir gehören alle zusammen. Wir sind alle voneinander abhängig. Wir bilden ein fein austariertes Netzwerk von Individuen und Arten. Dieses Netzwerk ist sehr stabil und kann nur in den allergrößten denkbaren Katastrophen zerstört und ausgelöscht werden.

Die Erdgeschichte zeigt, dass die Auslöschung des größten Teils der Tiere und Pflanzen durch geologische Katastrophen, wie es 4- oder 5-mal geschehen ist, das Leben als solches nicht auslöschen konnte. Dies ist den asexuellen Formen gedankt, die ihre sexuelle Generation immer sorglich schützt. Sterben höher entwickelte Arten total aus, dann werden im Laufe der Geschichte aus nieder entwickelten Arten neue höher entwickelte Arten hervorgehen, wenn auch möglicherweise in anderer Erscheinung. Jede erdgeschichtliche Katastrophe hat zu einer enormen Beschleunigung der Evolution und zur Entstehung von mehr und höher entwickelten Arten geführt. Den Grundstock für neue Populationen werden dann wieder die Sexualzellen der Überlebenden bilden. Und wenn diese dann ihr genetisches Material im Laufe von Jahrhunderten oder Jahrtausenden verändern, können auch wieder neue Arten entstehen. Mit hoher Wahrscheinlichkeit werden es Arten sein, die es vor dem Aussterben nicht gab und sich in Anwesenheit der „alten" Arten womöglich nicht entwickelt hätten. Nach einer vernichtenden Katastrophe werden aber neue Nischen entstehen oder alte Nischen frei werden und auf Inbesitznahme durch die Neulinge warten. Sie alle kennen das beste Beispiel: Die Dinosaurier. Ihre einst dominierende Rolle in der Luft, im Wasser und auf der Erde haben heute die Säugetiere übernommen. Und wenn die aussterben sollten, wird es einen neuen Versuch geben, die Lücke zu füllen, die sie hinterlassen werden. Welche Kandidaten es sein werden, kann heute niemand wissen. Es ist aber wahrscheinlich, dass eine Gruppe von Tieren oder Pflanzen dann schon existiert die nur darauf wartet voll durchzustarten, wenn die alten „Unterdrücker" weg sind. Ob sich an ihre Spitze dann wieder eine Art mit menschlichen Merkmalen setzt, ist fraglich.

Man kann davon ausgehen, dass alle Arten, die heute auf der Erde existieren, den gleichen Grad der Anpassung an ihre Lebensbedingungen erreicht haben. Die Nacktschnecke kommt sehr gut auch ohne eine mit dem Menschen vergleichbare Intelligenz aus. Ihre Waffe ist nicht die Intelligenz, sondern klebriger, zäher Schleim, den die meisten potentiellen Feinde scheuen, eine vielseitige Ernährungsgrundlage und eine hohe Nachkommenzahl durch gut versteckte Eier. Jede Art, die es geschafft hat bis heute zu überleben, ist nach meiner Einschätzung als gleichwertig gegenüber allen anderen Arten zu betrachten. Ihre sogenannte Organisationshöhe ist eine rein menschliche Kategorie, die für das Leben an sich nicht die geringste Bedeutung hat. Die grundlegende Lebensform auch der Nacktschnecke, die sich so wehrlos im Garten aufsammeln lässt, ist ihre sexuelle Generation, die Geschlechtszellen. Dadurch ist sie den sogenannten höheren

Arten, den Reptilien Amphibien, Vögeln und Säugetieren sehr viel näher, als ihre mehrzellige Form.

Aber damit ist es ihnen noch lange nicht genug. Diese Gruppierungen von Zellen strebten und streben noch heute ständig nach Höherem. Es genügte ihnen schon bald nicht mehr, in einem Schwamm, einer Qualle oder einer Staatsqualle zu wohnen. Eine andere Qualle oder Staatsqualle musste es sein, damit man sich von der Normalität abheben kann. Und schließlich wird es auch diesen zu langweilig immer nur Qualle oder Staatsqualle zu sein. Eine Schnecke, ein Wurm oder ein Insekt zu sein war bestimmt viel aufregender. Man war mobil und konnte seiner Nahrung oder seiner Beute nachkriechen, nachschwimmen oder nachkrabbeln. Außerdem konnte man sich seinen Platz zum Leben besser aussuchen und sich durch Flucht sogar vor Feinden in Sicherheit bringen. Das Ende dieser Entwicklung kennen wir: Das sind wir! Vorerst, um präzise zu bleiben.

Die Pflanzen haben einen anderen, nicht minder erfolgreichen Weg gewählt. Aber in uns stecken doch nun diese vermaledeiten Gene und Chromosomen, die alles in der Hand haben. Sie steuern uns doch total. Ohne sie sind wir ein Nichts! Haben es die Chromosomen vielleicht nur darauf abgesehen in möglichst vielfältig und verschieden organisierten lebenden Organismen ihr Dasein zu sichern? Wäre vor 3,7 Milliarden Jahren die Urzelle ums Leben gekommen, wäre das ein harter Schlag für das gesamte Leben auf der Erde gewesen, denn es hat die Erde zehn Milliarden Jahre gekostet, das erste zelluläre Lebewesen zur Marktreife zu entwickeln.

Als dann die ersten Amöben, Bakterien, Pilze und Blaualgen ihren Platz im Weltgeschehen eingenommen hatten, war die Lage schon wesentlich entspannter. Wenn einer oder alle von ihnen aussterben sollten, wäre ja noch die Urzelle da, die wieder den Drang zur Höherentwicklung haben und bald neue Formen auf die Bühne schicken würde. Die zehn Milliarden Jahre, die es zur ersten Stufe des Lebens gebrauch hatte, müssten in diesem Falle nicht noch einmal vergehen, ehe das Leben wieder die Stufe 2 erreicht. Aber ein paar Hundertmillionen Jahre gälte es dann schon nachzuholen. Das wäre ärgerlich genug. Als nun die ersten Weichtiere, also Muscheln, Schnecken und Tintenfische den Vorhang auf der Weltbühne mit Schwung zur Seite schoben, befand sich die Evolution schon in vollster Fahrt. Ihre Entstehungsgeschichte verliert sich irgendwo im Dunkel der Vorzeit. Sie waren viel moderner und glaubten auch viel erfolgreicher zu sein als ihre einzelligen Vor-Vorfahren, aber eine Katastrophe konnte sie leichter auslöschen, als die Bakterien, Blaualgen, Pilze und Amöben. Sollte das geschehen, und es ist tatsächlich womöglich nicht nur einmal geschehen, dann wäre man wieder bei diesen angekommen und sie müssten erneut loslegen, um neue Formen zu bilden. Ob das dann immer wieder Schnecken u. s. w. geworden wären, das wissen wir nicht. Das alles ist von vielen Zufällen abhängig. Aber vermutlich wäre die Zeit zur Wiederherstellung eines ähnlichen Komplexitätsgrades von Leben noch wieder kürzer, weil die Evolution auf bereits etwas höher entwickelte Organismen, also Bakterien, Blaualgen und Pilze, zurückgreifen können würde. So geht es nun im Laufe der Jahrmillionen immer höher in der Organisation der

Lebewesen. Viele sind ausgestorben und doch ist das Potenzial zur Variation der Lebensformen ungebrochen. Wären die Dinosaurier nicht aus heute noch nicht völlig geklärten Ursachen ausgestorben, wären wir Menschen möglicherweise gar nicht auf den Plan getreten.

***

Und wie geht es weiter?

Manche Wissenschaftler glauben, dass die Entwicklung auf der Erde nach der Existenz eines Menschen in unserer heutigen Erscheinung geradezu schrie![27] Wenn aber nun die Dinosaurier nicht ausgestorben wären, wo wäre dann der Mensch geblieben? Manfred Reitze teilt im Mannheimer Forum mit, dass die Dinosaurier das Potenzial in sich gehabt haben, intelligente zweibeinige Formen hervorzubringen. Seiner Meinung nach wären sie auch äußerlich uns Menschen nicht gerade unähnlich. Es gab warmblütige Vertreter unter ihnen und auch Zweibeiner. Was ihnen fehlte, war ein leistungsfähiges Gehirn. Aber die Geschichte unserer eigenen Spezies zeigt uns, dass sich das Gewicht des Gehirns in weiniger als zwei Millionen Jahren verdoppeln kann. Vielleicht würden dann, wenn die Dinos nicht ausgestorben wären, heute intelligente Sauropsiden vor den Spielekonsolen sitzen und Autorennen fahren oder böse Typen aballern. Vielleicht würden sie sich selber dann auch als Menschen oder als ein vernunftbegabtes Äquivalent hierzu bezeichnen. Eine andere Denkrichtung geht in Richtung Kopffüßler, also Tintenfische und Kalmare. Sie verfügen bereits heute über ungewöhnliche Leistungen, die als Intelligenz gedeutet werden. In einigen Punkten stehen sie höheren Säugetieren in nichts nach. In nebelhafter Zukunft, vielleicht in zweihundert Millionen Jahren, wenn es den Menschen schon nicht mehr geben wird, sollen dieser Denkrichtung zufolge einige Kopffüßler, die ja eigentlich eine Sonderform der Weichtiere sind, zu denen auch die leckeren Austern und Weinbergschnecken gehören, an Land gegangen sein und sich zu stattlichen intelligenten Wesen herangebildet haben. Ist das für uns vorstellbar? Wir können das ja auch mal so sehen wie ein japanischer Autobauer: Nichts ist unmöglich. Kommen wir nun abschließend auf die Frage, wie die Evolution der sexuellen Generation in Zukunft verlaufen könnte. Der Fortschritt der Wissenschaft im Verein mit Fortschritten in der Technik wird die Evolution der Sexualzellen vieler Arten in Zukunft einschneidend beeinflussen. Bevor der Mensch sich anschickte, sein eigenes Erbgut und das Erbgut einiger Tierarten zu verändern, war er buchstäblich der Sklave seiner sexuellen Generation. Sie allein diktierte, was aus einer durch Verschmelzung zweier Zellen frisch entstandenen asexuellen Generation entstehen wird. Heute können Biologen und Mediziner mit diffizilen Methoden Gene oder DNA-Bruchstücke aus einem Chromosom entfernen oder einfügen, ganz wie es ihnen beliebt. Die Artenbarriere, wie sie bis dahin in der Natur existierte, wird aufgehoben. Es ist ohne weiteres möglich, ein Virusgen in ein Bakteriumgenom und selbst in einen Menschen zu verpflanzen. Damit wird der Mensch anstelle des Zufalls gezielt Motor der Evolution. Im Augenblick sind dessen Fähigkeiten noch vergleichsweise gering. Aber in wenigen Jahren oder Jahrzehnten wird ihre Kunst so weit fortgeschritten sein, dass die Zufälle, wie sie heute noch die Evolution beherrschen, in den wirtschaftlich,

---

[27] Kaiser Friedrich II, der Stauferkaiser (1196 – 1250), sah die Welt für seine Zeit mit geradezu revolutionärer Wissenschaftlichkeit. „Die Welt so sehen, wie sie wirklich ist" war die Maxime seines Denkens in dem berühmten Werk „De arte venandi cum avibus". (Ms. Pal. Lat. 1071, Bibliotheca apostolica Vaticana), das den durch Glauben und Aberglauben eingeschränkten Blick seiner Zeitgenossen und späterer Generationen auf die Natur nachhaltig beeinflusste.

gesellschaftlich oder politisch interessanten Arten nahezu völlig ausgeschaltet werden können und der hundertprozentige Designmensch, -rind, -schaf, -hund oder -kamel geschaffen werden können.

Dann gewinnt die asexuelle Generation schnell die Oberhand über die vorher so mächtige sexuelle Generation. Durch tiefgreifende Erkenntnisse über den Mechanismus der Funktion der sexuellen Generation wird in Zukunft die asexuelle Generation die sexuelle Generation beherrschen und nach ihren Wünschen umgestalten. Dies ist nichts weniger als eine biologische Revolution! Die viele Milliarden Jahre alte Vorherrschaft der sexuellen Generation wird damit in der modernen postindustriellen Gesellschaft beendet. ... oder ist vielleicht auch die Fähigkeit des modernen Menschen, das Genom zu beeinflussen, ein Trick seiner sexuellen, einzelligen Generation, ihr Fortbestehen zu sichern, indem sie uns mit derartigen Fähigkeiten ausgestattet hat?

**

Über den Autor

Der Autor wurde 1941 in Warnemünde an der Ostsee geboren. Nach einem dreijährigen Studium der Veterinärmedizin studierte er in Rostock und Berlin Biologie. Mit 27 Jahren hat er als Biologe in der Veterinärmedizinischen Fakultät der Humboldt- Universität zu Berlin im Fach Parasitologie diplomiert. Als während der Examina der Prager Frühling durch die Truppen des Warschauer Paktes niedergeschlagen wurde, war er verunsichert und tief deprimiert über die politische Lage im Deutschland des Jahres 1968. Nach Hinweisen darüber, dass die Stasi auf seine Spur angesetzt worden war, entschloss er sich innerhalb weniger Tage zur Flucht über die Ostsee. In der Bundesrepublik fasste er schnell Fuß und promovierte mit einem endokrinologischen Thema zum Dr. rer. nat. An der Universität Hamburg leitete er fast 10 Jahre lang einen Projektbereich, der sich mit den Wirkungen und Nebenwirkungen von Androgenen, Östrogenen und biogenen Aminen befasste. Nach seiner Habilitation in Hamburg wechselte er in die Immunologie über, wo er sich mit Botenstoffen des Immunsystems beschäftigte. Danach wechselte er an das Bundesgesundheitsamt in Berlin und danach an die WHO in Genf. Seine Frau Edda schenkte ihm in dieser Zeit drei Kinder: Jakob, Lena und Simon. Die letzten 10 Jahre seines Berufslebens verbrachte er wieder im Bundesgesundheitsamt in Berlin und Bonn. Heute lebt er an der Ostseeküste Schleswig-Holsteins. Dort beschäftigt er sich seinem großen Hobby: der Greifvogelkunde, der Rehabilitation von Greifvögeln und der Falknerei.

■■